KB117519

부자들의 3배수 ETF 투자 시크릿

부자들의 3배수 ETF 투자 시크릿

지은이 최윤식·최현식
펴낸이 최현식
펴낸곳 미래세상

초판 1쇄 발행 2021년 11월 5일
초판 8쇄 발행 2023년 7월 5일

출판신고 2021년 6월 25일 제2021-000209호
06239 서울시 강남구 테헤란로8길 33, 6층
Tel 010-3444-0910 Fax 070-8233-2150

ISBN 979-11-975504-0-9 03320

www.cysinsight.com

앞으로 30년,
3배수 ETF로 100배 수익을 내라

부자들의 3배수 ETF 투자 시크릿

최윤식·최현식 지음

들어가는 말

주식투자는 ‘도박’이 아니다. 주식투자는 ‘기대’ 혹은 ‘바람’만 믿고 돈을 거는 행위가 아니다. 주식투자는 ‘예측 게임’이다. 주식투자가 ‘예측’이라는 것은 논리적이고 확률적으로 주식의 미래 가치를 판단해야 하기 때문이다. 주식투자가 ‘게임’이라는 것은 경쟁해야 할 상대가 있고, 경쟁 상대가 나와 투자 환경에 실시간으로 반응하여 계속 전략을 변화시키기 때문이다. 이 글을 읽는 독자가 주식시장에서 경쟁해야 할 상대는 개인투자자, 기관투자자, 투기세력, 주가조작 세력 등이다. 주가의 장기적 흐름은 이들이 시시각각 변하는 투자환경에서 예측 게임을 벌이는 결과물이다.

주식투자는 막연하게 해서는 안 된다. 공부해야 한다. 투자할 기업, 산업 섹터, 국가, 전 세계의 미래 변화 가능성에 대해서 공부해야 한다. 상대의 전략도 파악하고, 투자하는 자신도 나름의 전략이 있어야 한다. 이런 공부의 수준과 양에 맞는 투자종목을 선택하고 전략을 수립해야 주식투자에서 성공할 수 있다. 이 책은 미국 주식시장에 상장된 ‘3배수 레버리지 ETF’라는 특정 투자종목에 어울리는 공부의 수준과 양을 제공하는 것을 목적으로, 총 10개의 강의로 구성되어 있다. 각 장마다 ‘3

배수 레버리지 ETF'(이하 3배수 ETF라 칭함) 종목만을 가지고, '예측 게임' 할 수 있는 실력을 길러주는 기본 지식을 담았다. 최소한 이 정도는 공부하고 통찰하며 3배수 ETF 투자를 해야 한다. 물론 이 책에 담은 내용이 3배수 ETF 상품 투자에 대한 모든 지식은 아니다. 하지만 이 책의 내용을 잘 공부하면, 다음에 어떤 방향으로 추가 공부를 해야 하는지도 자연스럽게 알게 될 것이다.

미래는 갑자기 오지 않는다. 미래 신호(Futures Signals)를 주고 온다. 공부가 충분하면 미래 변화의 방향, 속도, 신호를 포착할 수 있다. 예를 들어, 꿀벌이 화분을 따다가 벌집으로 황급히 몰려 들어가면 얼마 후 비가 온다. 꿀벌은 비를 맞으면 죽기 때문이다. 이럴 경우, 꿀벌의 행동은 날씨를 예측할 수 있는 미래 신호가 된다. 꿀벌의 속성을 잘 아는 사람은 꿀벌의 행동에서 미래 신호를 포착할 수 있다. 세상의 작동 방식을 공부하면 세상 변화에 대한 미래 신호를 발견하는 능력을 향상시킬 수 있다.

주식시장은 세상 변화와 연결되어 있다. 필자는 "주식시장은 세상 변화를 숫자로 말하는 곳이다"라고 말한다. 즉, 3배수 ETF 상품이 국가나 산업 단위에 투자하기 때문에 3배수 ETF 투자에 성공하고자 한다면 세상의 큰 변화(거시 흐름)를 읽는 것에서부터 시작해야 한다는 의미다. 종합주가지수 인덱스를 추종하는 3배수 ETF 주식가격은 국가나 세계 전체 흐름에 영향을 받는다. 산업 섹터 인덱스를 추종하는 3배수 ETF 주식가격은 해당 산업의 거시 흐름에 영향을 받는다. 또한 3배수 ETF 투자에서 성공하는 비결 중 하나인 대조정이나 대폭락 대응 능력도 거시 변화와 직결된다. 이 책은 이런 거시적 변화와 3배수 ETF 상품의 주가 흐름이 어떻게 연결되는지도 다루었다. 이 책을 통해 거시적 흐름이 어떻게 움직이는지를 공부하고 나면, 신문에서 미래 신호를 발견하는 능력이 향상될 것이다. 신문은 세상 곳곳에서 일어나는 다양한 사건, 사고, 변화를 보고해 준다. 이 책을 공부한 후에 신문을 읽으며 미래 신호를 발견하라. 그리고 이 책에서 배운 지식과 신문을 통해 포착한 미래 신호를 가지고 논리적으로 시나리오를 짜고, 논리적으로 짠 시나리오를 확률을 사용해서 활용하라.

10년이란 시간 안에 큰 수익을 만들어야 하는 사람들이 많다. 청년, 장년, 은퇴를 앞둔 사람, 은퇴한 사람 등 10년이 최대 시간이다. 10

년 안에 주식투자로 큰 수익을 얻으려면 레버리지 투자를 해야 한다. 내 돈만 가지고서는 불어나는 시간이 길다. 레버리지를 쓰면 더 큰 눈덩이를 굴리는 효과가 난다. 하지만 은행에서 돈을 빌리거나 증권사가 신용공여 식으로 제공하는 레버지리를 쓰면 위험 부담이 크다. 은행에서 돈을 빌리면 이자 비용이 발생하고, 원금 상환 기간이 있다. 증권사에서 제공하는 레버리지를 사용하면, 투자 손실이 커지면 반대매매 리스크가 있다. ETF 레버리지는 이자 비용이나 원금 상환 위험이 없다. 주가가 크게 하락해도 강제로 반대매매가 일어나지 않는다. 생각보다 안전한 레버리지 투자다. 하지만 변동성이 매우 크기 때문에 공부를 하지 않고 투자하거나, 잘못된 투자 전략을 사용하면 원금 손실 위험이 커진다. 그러나 걱정하지 말라. 이 책을 통해 3배수 ETF 상품에 투자하는 사람들은 최소한 이런 위험에서 벗어날 수 있다.

이 책이 나오기까지 많은 분들이 도움을 주었다. 필자와 함께 미래연구를 투자시장에 어떻게 적용할 것인가를 함께 고민하고 연구해 준 최현식 부소장과 아시아미래인재연구소 연구원들과 투자 스터디 학생들에게 심심한 감사를 표한다. 한결같이 필자의 옆자리를 지켜 준 아내와 4명의 아들들, 부모님에게도 늘 감사한 마음이다. 마지막으로, 필자를 사랑하는 수많은 독자들에게 가장 큰 감사를 전한다. 필자를 사랑하고 격려하고 날카롭게 조언해 주는 독자들은 필자가 연구를 계속해 나가는 가장 큰 힘이라는 것을 고백한다.

대한민국 국민의 '더 나은 미래'를 예측하며
미래학자 최윤식 박사

차례

제1장
3배수 ETF로 10년에 100배 수익 내기

왜 '3배수 레버리지 ETF' 투자를 해야 할까? 이유는 간단하다. 누구나 강력한 수익을 보장하기 때문이다. 그 어떤 상품보다 수익률이 강력하다. 초보 개인투자자라도 10년 동안 100배 수익을 낼 수 있는 가능성이 가장 높은 투자 상품이다. 다음은 '3배수 레버리지 ETF'(이하 3배수 ETF라 칭함)에 투자를 하면, 100배 수익이 어떻게 실현되는지를 보여주는 두 가지 예시 그림이다. 두 가지 예시에 나타난 곡선이 서로 다르게 움직이는 이유에 대해서는 앞으로 차근차근 설명할 것이다. 지금은 곡선 경로 차이에 대해서 신경 쓰지 말고, 두 곡선이 보여주는 공통점에만 집중하자. 두 가지 공통점이 있다. **첫째, 10년 동안 한 번은 크게 하락한다. 둘째, 마지막 2~3년 동안 크게 상승하면서 기하급수적 상승 곡선을 그리고 최종적으로 100배가 넘는 수익률을 기록한다.** 이 책을 읽는 독자들은 다음 두 가지 움직임을 잘 기억하라. 3배수 ETF 투자로 10년에 100배 부자 되기 전략에서 가장 기본이 되는 두 가지 곡선이다.

3배수 ETF, 10년 동안 100배 수익이 실현되는 곡선 - 기본1

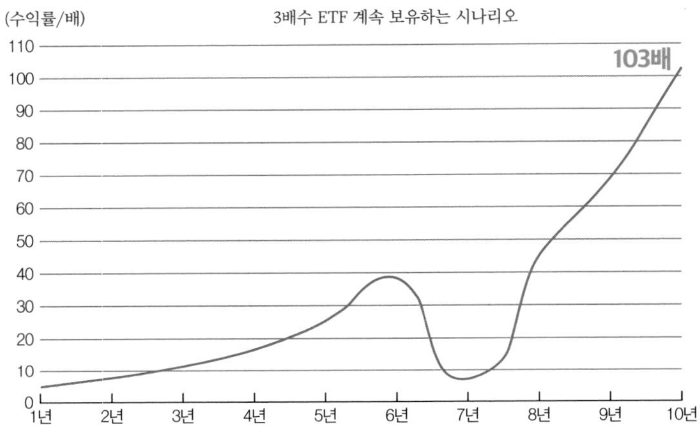

3배수 ETF, 10년 동안 100배 수익이 실현되는 곡선 - 기본2

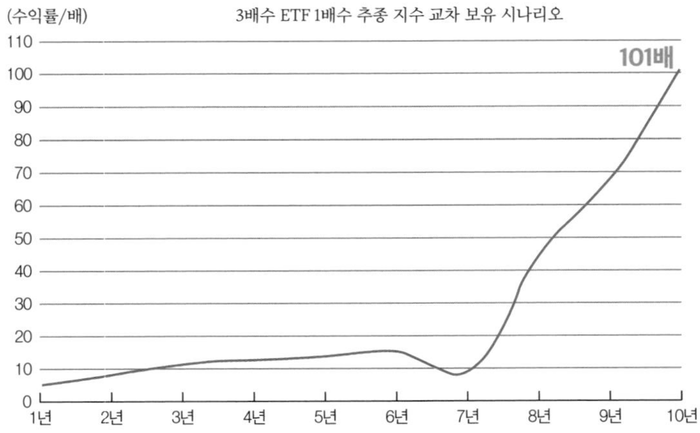

3배수 ETF 상품이 본격적으로 출시된 시점은 2008년 글로벌 금융위기 직후부터다. 예를 들어, 미국 S&P500 지수를 3배수로 추종하는 ETF인 SPXL과 미국 Russell 2000 지수를 3배수로 추종하는 ETF인 TNA는 2008년 11월 5일에 거래를 시작했다. 미국 나스닥 지수를 3배수로 추종하는 ETF인 TQQQ는 2010년 2월 9일, 미국 필라델피아 반도체 지수를 3배수로 추종하는 ETF인 SOXL은 2010년 3월 11일에 거래를 시작했다. 참고로 1배수 ETF는 미국에서 1993년, 한국에서 2002년에 최초 상장되었다.

3배수 ETF 상품들의 과거 수익률 성적을 살펴보자. 미국을 대표하는 종합주가 지수인 S&P500 지수를 3배수로 추종하는 ETF인 SPXL은 글로벌 금융위기 이후 최저점 거래가격 1.2$(2009년 3월 8일) 기준으로 2021년 8월 6일 거래가격 117.1$까지 13년 동안 97.5배 상승했다. 미국 나스닥 지수를 3배수로 추종하는 ETF인 TQQQ는 최초 거래가격 0.814$(2010년 2월 9일, 분할이 반영된 가격) 기준으로 2021년 8월 6일 거래가격 136.6$까지 12년 동안 167.8배 상승했다. 참고로, 두 종목 모두 상장 이후 10년 동안 60~70배 수익률을 기록했다.

S&P500 지수를 3배수로 추종하는 ETF인 SPXL 누적 수익률

출처: TRADINGECONOMICS.COM

나스닥 지수를 3배수로 추종하는 ETF인 TQQQ 누적 수익률

출처: TRADINGECONOMICS.COM

이와 같은 놀라운 수익률은 최소 10년 이상 장기투자를 할 때 만들어지는 숫자다. 필자는 장기투자의 최소 단위를 10년 정도로 본다. 이유가 있다. 부자가 되려면 복리의 힘을 사용해야 한다. 절대 진리다. '복리(複利, compound interest)'의 한자어 복(復)은 중복된다는 뜻이고, 리(利)는 이자를 의미한다. 복리는 지급받을 이자를 원금에 더하여 다시 또 이자를 낳게 하는 일이다.[1] 다음 그림처럼 복리는 비선형(linear progression) 곡선을 그리면서 돈이 불어난다. 시간이 흐를수록 복리 효과는 강해지고, 성장률은 기하급수적 증가(exponential growth)를 보인다.

복리의 반대는 단리다. '단리(單利, simple interest)'는 원금에 대해서만 약정한 이자가 붙는다. 이때 발생되는 이자는 원금에 합산되지 않아서 이자에 이자가 발생하지 않는다. 그래서 단리는 선형(linear progression) 곡선을 그리며 돈이 불어난다. 시간이 흘러도 단리는 정해진 이자율 만큼만 일정하게 누적되기 때문에 선형적 증가(linear growth)에 머문다. 주식시장이 복리 효과로 움직인다면, 채권이나 은행 예금이자는 단리 효과로 돈이 불어난다.

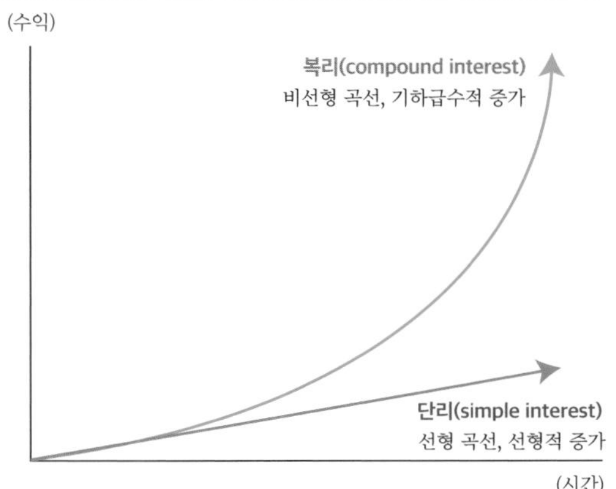

1 네이버 지식백과, 복리

주식가격은 상승이든, 하락이든 복리로 움직인다. 주식투자로 부자가 되려면 복리의 힘을 최대로 이용해야 한다. 그렇다면 얼마나 오래 보유해야 복리의 힘을 누릴 수 있을까? 필자의 연구에 의하면, 주식시장에서 기하급수적 성장 효과를 발휘하는 데 기본 시간은 10년이다. 다음 그림을 보자. 한국의 네이버와 미국 테슬라의 주가 성장 곡선 추세다. 개별 기업 단위에서도 수익률이 기하급수적 증가 효과를 내려면 10년 정도 시간이 필요하다. 네이버나 테슬라 주식에 투자해서 진짜 큰돈을 번 사람은 최소 10년 이상 들고 있었던 이들이다.

지난 10년 네이버 주가 상승 추세 - 기하급수적 성장 곡선

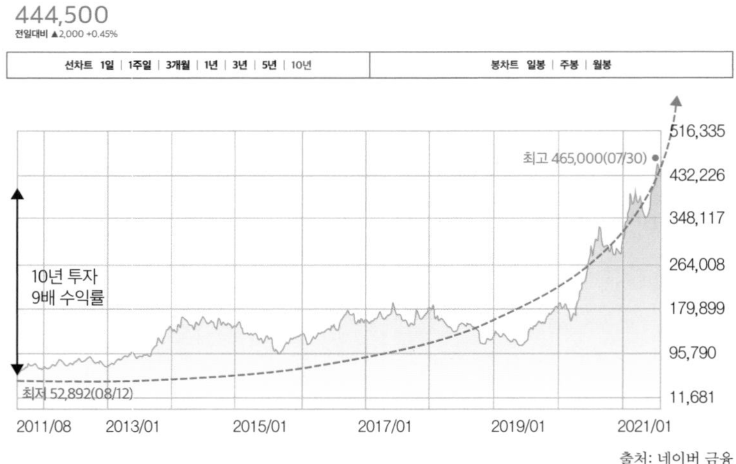

출처: 네이버 금융

지난 10년 테슬라 주가 상승 추세 - 기하급수적 성장 곡선

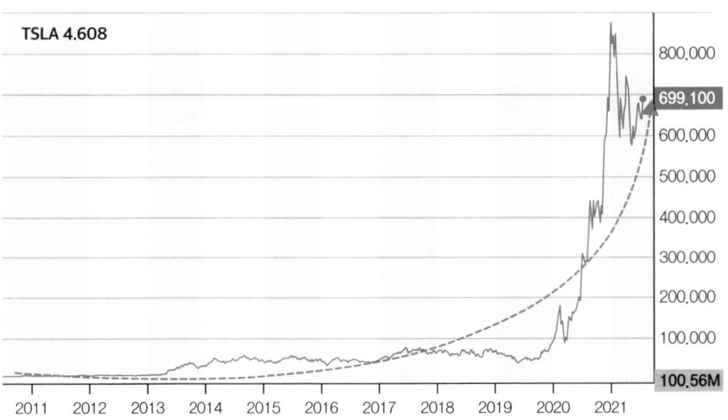

출처: Yahoo finance

복리 효과는 누적 시간이 늘어날수록 강력해진다. 10년보다 30년이 강력하다. 10년 정도만 기하급수적 성장률을 기록하는 투자 상품과 30년 이상 기하급수적 성장률을 기록하는 투자 상품은 수익률 차원이 다르다. 하지만 기업 단위 주식을 30년 이상 장기보유하는 것은 현명한 판단이 아니다. 기업은 생존기간이 최소 10년에서 최대 20~30년이 평균이기 때문이다. 그 이후에는 성장이 멈추거나 쇠퇴한다. 성장이 멈추거나 쇠퇴하면, 주식가격 하락이 기하급수적으로 발생한다. 다음 그림을 보자. 한때, 노키아와 소니는 자기 산업 영역에서 세계 최고의 기업으로 군림하며 주식가격도 기하급수적 성장률을 기록했다. 하지만 회사가 쇠퇴기에 들어서자 주식가격 폭락이 기하급수적으로 일어났다. 한국에 상장된 기업들의 경우에도 크게 다르지 않다. 30년 이상 장기 추세 상승을 유지한 기업은 삼성전자가 유일하다. 물론 지금은 9만 전자(96,800원)를 찍고 하락 추세 중이다(2021년 8월 26일 현재).

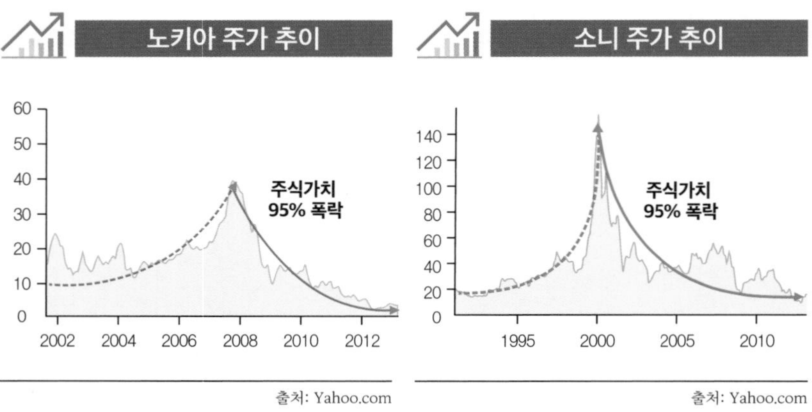

한 종목을 30년 이상 장기투자를 하고 싶다면, 섹터나 국가 단위(종합주가지수) 투자 상품을 보유해야 한다. 다음 그림을 보자. 미국 주식시장(S&P500, 나스닥)과 한국 주식시장 모두 30년 이상 시간이 흘러도 복리 효과는 계속 강해지고, 성장률은 기하급수적 증가(exponential growth)를 보이고 있다. 이유는 간단하다. 개별 기업보다 산업 전체 섹터가 더 오래 살아남고, 산업보다 국가가 더 오래 살아남기 때문이다. 3배수 ETF 투자 상품은 섹터와 국가 단위 투자 상품이다. 30년 이상 복리 효과를 누릴 수 있는 매력적인 투자 상품이다.

미국 S&P500 지수 복리(複利) 움직임 - 기하급수적 성장 곡선

출처: TRADINGECONOMICS.COM

미국 나스닥 지수 복리(複利) 움직임 - 기하급수적 성장 곡선

출처: TRADINGECONOMICS.COM

한국 코스피 지수 복리(複利) 움직임 - 기하급수적 성장 곡선

출처: TRADINGECONOMICS.COM

참고로, 주식투자에서 단타투자 혹은 단기투자를 반복하는 이유도 복리의 힘을 극대화하려는 목적이다. 하루에도 몇 번씩 매매 행위를 하여 아주 작은 퍼센트(%)의 수익실현을 누적시켜 복리 이익의 평균 수치(%)를 높이면 복리의 힘을 극대화할 수 있다는 생각이다. 그래서 단타투자는 무조건 매일 상승하는 기업을 찾을 수 있는 역량이 전제되어야 한다. 하지만 그게 그리 간단한 일이 아니다.

게다가 주식투자는 상승만 복리로 움직이는 것이 아니다. 하락도 복리로 움직인다. 단타투자에서 상승으로 수익을 내는 횟수보다 하락으로 손실을 내는 횟수가 더 많으면 복리의 힘으로 원금이 줄어든다. 결국 매일 상승하는 기업을 선택하는 역량이 없다면 단기투자는 무조건 실패다. 주식가격은 복리로 상승과 하락을 하기 때문에 상승과 하락이 5:5

로 같을 경우라도 주식투자 수익률은 원금 손실을 기록한다. 단타투자로 수익을 내려면 수익과 손실의 승률이 6:4는 되어야 한다. 그것도 최소다. 6:4로 수익률이 높더라도 전략이나 비중에서 실패하면 이것도 손실이 발생할 가능성이 높아진다. 초보 주식투자자가 1년 이상 수 백에서 수 천 번 매매하는 단타투자 전략을 사용하여 6:4 승률을 기록하기는 거의 불가능하다.

개인투자자가 단타투자 전략에서 6:4 승률을 얻기 힘든 것은 심리학적으로도 설명이 가능하다. 심리학자들은 인간의 심리는 물체가 물리적 법칙에 따라서 자연스럽게 움직이는데 익숙하다고 본다. 주가가 상승하면 영원히 상승만 할 것이라는 환상 심리가 작동하거나, 주가가 하락하면 다시는 반등하지 못할 것이라는 공포 심리가 작동하는 것이 자연스럽다는 말이다. 단타 거래를 하는 동안 주가가 갑자기 반등하면서 빠르게 상승하는 숫자 변화를 보면, 심장 박동 수가 올라가면서 상승 궤적으로 전환되어 치솟는 주가 그래프가 당연한 것으로 착각하게 된다. 이런 심리가 작동하면 '더 오르겠지'라고 무의식적 예측이 작동하면서 긴장된 손가락이 '매수' 버튼을 누르게 된다. 충동매매다. 하지만 매수 버튼을 누르고 얼마 안 가서 주가는 다시 하락으로 급변한다. 고점에서 물린 것이다. 이제 투자자의 심리는 거꾸로 작동한다. 내가 산 가격보다 더 밑으로 떨어지면서 손실이 크게 날 것이라는 공포가 발동하고 심장이 쿵쾅거린다. 떨리는 손가락으로 '매도' 버튼을 누른다. 매도 버튼을 누른 후, 잠시 수익 구간에 들어갔던 주식가격이 결국은 손실 실현으로 끝난다. 이것이 인간이 세상을 지각하는 방식만 따를 때 나타나는 자연스러운 결과다. 하지만 주가는 물리적 법칙에 따라 움직이지 않는다. 주식시장은 내 생각과 항상 다르게 움직인다. 끝없이 오를 것 같지만 갑자기 싸늘하게 식어가고, 또 어느 순간 상승으로 전환한다. 올 초 애플카 이슈가 있었을 때 애플카 이슈 기업들은 엄청난 호재로 끝없이 상승할 것이라 환호했다. 더 오르고 더 큰 수익이 있을 것이라고 시장은 호응했다. 그러나 그때가 고점이었다. 필자는 그때 절대 현대차를 비롯한 기업들을 매수해서는 안 된다고 팀원들에게 경고했었던 기억이 있다. 하지만 개인투자자의 99.9%는 이런 심리와 환경을 이기지 못한다.

단타투자 전략으로 6:4 승률을 올릴 수 있어도 수익률이 별 볼일 없을 수도 있다. 2021년 3월 24일, 뱅크오브아메리카(이하 BofA)가 흥미로운 보고서를 하나 냈다. 1930~2020년까지 S&P500 지수를 매 10년씩 분석할 결과, 주식투자자가 10년마다 최고의 날인 열흘을 놓칠 경우 총 수익률은 28%에 그쳤다. 반면, 하루도 쉬지 않고 장기투자한 사람의 누적 수익률은 1만 7715%가 되었을 것으로 추산했다. 투자자가 정말 똑똑해서 매 10년 중의 최악의 열흘을 피해 현금만 들고 있었을 경우 누적 수익률은 379만 3787%에 달한다. 만약 최악의 날과 최고의 날을 모두 제외할 경우, 누적 수익률은 2만 7213%이었다. 문제는 최고 정점과 최악 구간을 정확히 맞추는 것은 불가능하다. 결국, BofA가 내린 결론은 "가장 현명한 투자 방법은 투자를 장기간 쉬지 않고 계속 유지하는 것이다"였다. 이것이 초보 주식투자자에게 단기투자를 권하지 않는 이유다.

그럼 1배수 주식상품으로 6:4의 승률을 내지 못하는 초보 투자자가 3배수 주식상품으로 6:4의 승률을 낼 수 있을까? 3배수 ETF 상품은 1배수 주식 가치 변동의 3배로 움직인다. 엄청난 변동성이다. 그래서 단타투자자나 스윙투자자에게 매력적으로 보인다. 같은 시장 상황에서도

3배의 상승폭을 기록하기 때문이다. 하지만 초보 투자자가 3배수 ETF 상품을 가지고 단기투자나 스윙투자 전략을 구사하다가 하락을 맞으면 손실도 3배로 커진다. 그래서 필자는 초보 주식투자자일수록 3배수 ETF 상품을 20~30년 이상 장기투자해야 한다고 생각한다.

읽을거리

레버리지 ETF 구조

레버리지 ETF는 기초지수의 일간 수익률을 2배 혹은 3배로 확대할 수 있도록 설계된 ETF다. 예를 들어, 코스피200 지수를 추적하는 경우 지수가 하루에 2% 상승하면 그 2배인 4% 혹은 3배인 6%의 수익을 달성하도록 설계되었다는 뜻이다(반대로 2% 하락하면 4%, 6%로 손실이 커진다). 기초지수 일간 수익률의 2배나 3배의 수익률이 가능한 이유는 레버리지 기능을 가진 파생상품을 포트폴리오에 넣어 ETF를 구성하기 때문이다.

레버리지 ETF의 구조를 간단히 설명해 보자. 레버리지 ETF는 최초 투자금액 중 상당 부분은 현물에 투자하고, 나머지 투자금으로 선물 등 파생상품을 매입하여 목표하는 배율만큼 수익률을 확대하도록 포트폴리오를 구성한다. 만약 2배율 레버리지 ETF의 최초 투자금액이 1,000원이라면, 대부분의 투자금은 (일반적인 ETF처럼) 주식현물을 매입한다. 하지만 2,000원의 노출(exposure)을 얻기 위해 투자금 일부로 선물을 매입한다. 선물은 주식에 비해 레버리지가 크기 때문에 이 방법이 가능하다. 이렇게 포트폴리오를 구성하면 2배 레버리지 수익률(2,000원 노출에서 발생하는 수익, 최초 투자금액 1,000원)을 얻을 수 있다. 이렇게 매입한 파생상품에 대해 장 마감 시점에는 기초지수 상승 혹은 하락에 따라 (순자산금액(NAV) 수준의 변동에 따라) 추가적인 매수(또는 매도)로 노출을 증가(감소) 시키는 일일 재조정을 해야 한다. 이렇게 해서 목표하는 기초지수 수익률의 2배에 근접시켜 나간다. 예를 들어, t영업일 마감 때에 레버리지 ETF의 주식시장에 대한 노출을 ETF 순자산의 2배로 설정할 경우 t+1일 기초지수가 100에서 102로 2%

상승하면 레버리지 ETF는 4% 수익률을 기록하게 된다. 익영업일(t+2일)에도 목표 수익률 2배를 추구를 위해서는 t+1일 마감 전 레버리지 ETF의 주식시장에 대한 노출이 ETF 순자산의 2배인 2,080이 되어야 하므로, 조정 전 노출인 2,040에 40만큼의 노출을 추가하는 일일 재조정을 실시한다.

반대로, t+2일 기초지수가 102에서 99로 3% 하락할 경우 레버리지 ETF는 2,080의 노출에서 3% 하락인 62의 손실을 본다. 이 금액은 순자산가치 대비 -6%로 목표 수익률 2배에 부합한다. 또한 새로운 순자산가치 수준인 978을 기준으로 2배의 노출 1,955가 필요하지만, 조정 전 노출은 3% 하락 후 2,018이 되므로, t+2영업일 마감 전 추가적으로 62의 노출을 제거한다. 이렇게 순자산가치의 상승 시 기존의 레버리지 수준이 부족하게 되거나, 하락 시 기존 레버리지 수준이 과도하게 되므로 매 거래일 마감 시에 이에 대한 포지션 조정이 필요하게 된다. 이는 곧 상승 시 추가 매수와 하락 시 추가 매도의 형태를 띠게 된다. 따라서 레버리지 ETF에 대한 일일 재조정은 일반적인 포트폴리오 재조정과는 달리 추세추종적인 성격을 보이면서 장중 진행된 상승과 하락을 강화시킨다.[2]

거래일	기초지수		레버리지 ETF NAV		목표 노출	주식시장에 대한 노출		
	수준	수익률	수준	수익률		조정 전	조정	조정 후
t일	100	-	1,000	-	2,000	2,000	0	2,000
t+1일	102	2%	1,040	4%	2,080	2,040	40	2,080
t+2일	99	-3%	978	-6%	1,955	2,018	-62	1,955

2 정원경, 윤여진, 「국내 ETF 현황 및 정책적 시사점」(한국은행 Monthly Bullentin, September, 2012), 45-47.

제2장
3배수 장기투자 쪽박? 한 가지만 피하면 대박! 필연적 수익의 법칙

"3배수 ETF 상품을 10년 이상 장기투자하면 전 재산을 날릴 수 있다"는 말이 많다. 왜 이런 말이 돌아다닐까? 3배수 ETF 상품의 '침식 효과' 때문이다. 앞서 주식은 복리 효과로 움직인다고 했다. 복리로 상승 방향으로만 움직일 경우에는 침식 효과가 나타나지 않는다. 아주 오래전, 은행에서 팔았던 복리 적금이 대표적이다. 복리를 적용해서 이자를 주기만 하지 빼앗지는 않기 때문이다. 하지만 주식시장은 상승과 하락 양방향으로 모두 움직인다. 이럴 경우에 침식 효과가 발생한다.

침식 효과(erosion effect)는 빗물이나 바람의 운동 혹은 화학적 작용으로 토지나 암석이 서서히 깎여 나가는 것처럼, 주식가격이 상승과 하락 운동을 반복하는 과정에서 투자 원금이 서서히 깎여 나가는 현상을 가리킨다. 이런 침식 효과는 3배수 상품에서만 일어나지 않는다. 1배수, 2배수, 3배수 등 모든 주식상품에서 일어난다. 1배수는 1배만큼, 2배수는 2배만큼, 3배수는 3배만큼 침식 효과의 크기 차이가 있을 뿐이다.

예를 들어, 삼성전자 주식을 10만 원에 매수했다고 가정하자. 다음 날 10%가 상승해서 11만 원이 되었다. 그리고 그다음 날 10%가 하락했다. 하루는 10% 상승하고 다른 하루는 10% 하락했으니 수익률이 0%처럼 보인다. 하지만 아니다. 침식 효과가 발생하면서 원금에서 1% 손실이 발생한 9만 9천 원이 된다(10만 원에서 10% 상승하면 11만 원이 된다. 11만 원에서 10%가 하락하면 9만 9천 원이 된다). 만약 삼성전자를 포함하는 몇 개의 기술주 대기업들을 묶어서 만든 지수(index)를 2배수로 추종하는 ETF 상품에 투자했다고 가정해 보자. 삼성전자 주가가 하루 상승하고 하루 하락하여 1%의 침식 효과가 발생할 때, 해당 2배수 ETF 상품은 2배 폭으로 침식 효과가 발생한다. 만약 3배수 ETF라면 3배 폭으로 침식 효과가 발생한다. 이런 특성 때문에 2배 혹은 3배 레버리지 ETF는 수익이나 손실이 '연속으로 반복 때'는 복리 효과로 인해서 침식률 폭도 빠르게 확대된다. 다음의 표를 보자. 기초자산만으로 구성된 ETF A 혹은 일반 주식이 2일 연속 5%씩 상승하고 그 후에 2일 연속 5%씩 하락할 경우와 3배 레버리지 ETF는 2일 연속 15% 상승하고 그 후에 2일 연속 15%씩 하락할 때의 가격 변동이다.

	1일	2일	3일	4일	5일
ETF A 1배, 일반 주식	100,000	105,000	110,250	104,737	99,500
3배 레버리지 ETF	100,000	115,000	132,250	112,412	95,550

침식 효과가 3배로 늘어나는 것만 보면, 3배수 ETF 상품이 매우 위험한 것처럼 보인다. 이런 우려는 큰 숫자가 주는 심리적 압박, 혹은 착시 효과에 불과하다고 생각한다. 한국 주식시장은 일일 가격제한폭이 30%로 설정되어 있다. 그 어떤 대형 호재가 있어도 하루 30% 이상 상승하지 못하고, 그 어떤 악재가 발생해도 하루 30% 이상 폭락하지 않도록 한 장치다. 미국 주식시장에서는 일일 가격제한 규정이 없다. 특정 주식이 하루에도 50%, 100%씩 상승하거나 하락하는 일이 비일비재한다. 그러면 한국 주식시장과 미국 주식시장 둘 중 어디가 더 위험할까? 1995년에 한국 주식시장의 일일 가격제한폭은 6%였다. 1996년에는 8%로 확대되었고, 1998년에는 15%까지 다시 확대되었으며, 2015년부터는 현재와 같은 30%로 추가 확대되었다. 일일 가격변동폭이 6%에서 30%로 5배 커졌으니, 한국 주식시장은 과거보다 더 위험해졌을까? 3배수 상품의 일일 변동폭이 1배수보다 3배 크다는 것만 가지고 위험성을 판단하는 것도 이런 질문과 같다. 가격제한폭은 주식시장의 안정을 도모할 수는 있지만, 기업가치 변화를 주식가격에 신속하게 반영하기 어렵다는 단점을 가진다. 일일 가격변동폭의 차이는 어떤 장점을 선택할지의 차이일 뿐이다. 3배수 ETF 상품에서 느껴지는 큰 변동폭은 말 그대로 큰 숫자가 주는 심리적 위험 효과나 착시 효과일 뿐이다. 혹은 "한국 주식시장보다 미국 주식시장이 좀 더 공격적이다"라는 말처럼, 3배수 상품이 1배수 상품보다 좀 더 공격적 투자 상품일 뿐이다. 따라서 3배수 ETF 상품이 3배의 변동폭으로 움직인다는 것 자체는 위험이 아니다. "공격성이 높은 상품이다"라고 표현하는 것이 더 어울린다.

"3배수 ETF 상품을 매수해서 전 재산을 날릴 위험한 상황이 발생했다"고 말하려면 두 가지 경우다. **하나는 투자한 3배수 ETF 상품이 추종 지수(1배수)를 3배 폭으로 움직이는 원칙에서 벗어나는 변동폭을 보이는 경우다.** 침식 효과는 3배인데 상승폭은 1배만 뛴다거나, 상승폭은 1~2배인데 하락폭은 4~5배가 되는 일이 지속적으로 벌어져야 한다. 이렇게 원칙에서 벗어나는 3배수 ETF 상품이 있다면 시장에서 퇴출(상장폐지) 된다. 그렇기 때문에 3배수 ETF 상품을 운영하는 금융투자회사들은 이런 일이 일어나지 않도록 관리한다. 즉, 이런 일을 거의 일어나지 않는다.

다른 하나는 3배수 ETF 상품이 상승을 한 번 할 때, 하락은 3~4번씩 하는 패턴이 몇 번 연속으로 일어나는 상황이다. 이럴 경우에는 침식 효과가 극대화된다. 필자는 이런 상황이 3배수 ETF 상품 투자에서 거의 유일한 단 하나의 위험이라고 생각한다. 이것을 'MDD 위험'이라고 말한다. MDD는 Maximum Draw Down의 약자로 '최대 낙폭'이라고 해석하면 된다. MDD는 특정 투자 기간 중 포트폴리오의 고점에서 저점까지의 낙폭이 가장 큰 구간의 낙폭 값이다. 3배수 ETF는 하락할 때도 3배수 복리로 하락하기 때문에, 상승을 1번 할 때 하락은 3~4번씩 하는 패턴이 몇 번 연속으로 일어나면 최대 낙폭(MDD)이 겁에 질리도록 발생한다. 예를 들어, 기술적 조정장에서는 평균 30~40% 하락폭이 발생하고, 대조정장에서는 60~70%, 대폭락장에서는 최대 80~90% 낙폭을 보인다. "3배수 ETF 상품을 10년 이상 장기투자하면 쪽박을 찰 수 있다"는 공포스러운 말이 나오는 이유다. 하지만 필자는 3배수 ETF 상품이 가지고 있는 MDD 위험도 '단 한 가지 경우'를 제외하고는 모두 큰 숫자가 주는 심리적 위험 효과나 착시 효과일 뿐이라고 생각한다.

예를 들어 보자. 필자는 주식시장에서 하락장을 크게 네 가지로 구분한다. 기술적 조정장, 대조정장, 대폭락장, 금융시스템 붕괴다. 기술적 조정장은 일 년에도 몇 번씩 일어난다. 기술적 조정장이 일어나는 이유는 두 가지다. 일시적 방향 전환이나 기대감 후퇴다. 일시적 방향 전환은 종합주가지수 기준으로 10~15% 내외 강한 기술적 조정이 발생한다. 2020년 6월 초에 코로나19가 재확산으로 방향 전환을 하자 강한 기술적 조정장이 펼쳐졌다. 기대감 후퇴는 시장 호전 상황이 예상 기대 속도보다 늦는 경우다. 시장에 이런 실망 분위기가 만들어지면 종합주가지수 기준으로 3~5% 내외의 약한 기술적 조정이 일어난다. 다음 그림을 보자. 2020년 코로나19 제1차 대유행기 이후 6~7월 미국 주식시장 움직임이다. 재봉쇄 완화 일정 기대감 약화, V자 경기회복 기대감 후퇴, 2차 부양책 규모 및 협상 타결 속도 저하 등이 일어날 때마다 약한 기술적 조정이 일어났다. 대조정장이나 대폭락은 시장의 대세 흐름이 완전하게 뒤바뀌는 경우다. 필자는 종합주가지수 기준으로 20~30% 조정이 발생하는 것을 대조정이라고 칭하고, 30~40% 하락이 발생하는 것은 대폭락이라고 분류한다. 마지막으로, 금융시스템 붕괴는 대폭락 중에서도 가장 큰 충격이다. 2008년 미국에서 서브프라임 모기지 사태가 발생하면서 미국 금융시스템 전반에 심각한 충격이 발생했던 것, 1997년 한국에서 금융위기가 발생했던 것 등이 대표적이다. 이런 경우, 주식시장은 종합주가지수 기준으로 50~75% 내외의 하락폭을 기록한다.

코로나19 제1차 대유행기, 6~7월 주식시장 재확산 영향

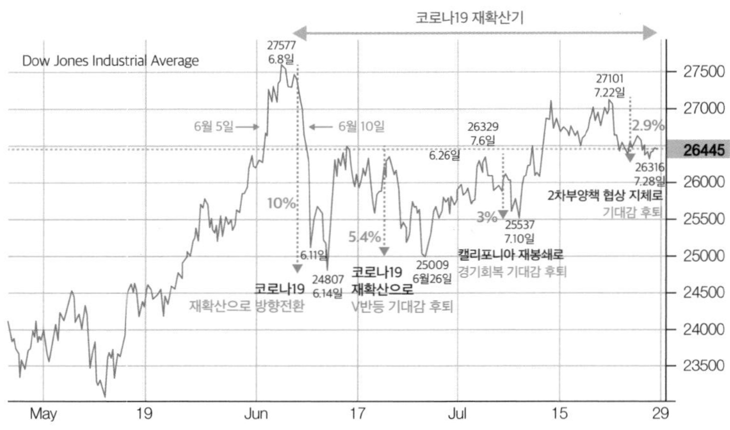

출처: TRADINGECONOMICS.COM

주식시장의 네 가지 하락장에서 3배수 ETF 상품이 가지고 있는 'MDD 위험도'를 분석해 보자. 먼저, 기술적 조정 구간이다. 가장 강한 기술적 조정(종합주가지수 기준으로 15% 하락) 사례를 살펴보자. 종합주가지수가 15% 하락하면, 종합주가지수를 3배수로 추종하는 ETF는 대략 45% 정도 하락한다. 하지만 큰 문제가 되지 않는다. 3배 변동폭으로 설계된 상품이라서 45% 정도 '정상적'으로 하락했을 뿐이다. 3배수 ETF 상품을 투자했다면, 그냥 들고 있으면 아무런 위험이 없다. 오히려 45% 하락했을 때 저점에서 추가 매수할 좋은 타이밍이다. 다음은 이러한 상황에서 3배수 ETF 상품의 움직임 특성들이다.

1. 기술적 조정 발생으로 만들어진 종합주가지수(1배수) 하락은 최저점에 이른 후부터 평균 1~3개월 안에 전부 회복된다.
2. 1~3개월 후에 종합주가지수가 기술적 조정 발생 이전 가격(이하 전고점)으로 100% 회복되면, 3배수 ETF도 추종 지수를 그대로 3배로 따라가면서 이전 가격을 아주 빠르게 회복한다.
3. 만약 저점에서 추가 매수를 하면 82% 수익률을 안겨 준다.
4. 종합주가지수가 전고점을 100% 회복할 때, 3배수 ETF는 90%까지 회복된다.
5. 종합주가지수가 전고점 회복 후에 8% 추가 상승하면, 둘 간의 격차는 사라진다.
6. 종합주가지수가 전고점 회복 이후부터 추가로 8% 상승하는 데까지 걸리는 시간은 평균 3~6개월 정도다.
7. 그 이후, 3배수 ETF는 1배수 주식 수익률 추월을 다시 가동한다. 이런 모든 일은 3배 폭으로 움직인다는 단 하나의 이유로 만들어지는 상황이다.
8. 약한 기술적 조정(종합주가지수 기준 3~5% 하락)은 1년에 몇 번씩 발생한다.
9. 강한 기술적 조정(종합주가지수 기준 10~15% 하락)은 1년에 1~2번 정도 발생한다.

이러한 특성들을 활용해 필자와 투자를 함께하는 팀원들은 이미 장기간 미국 ETF 3배수 장기투자 전략을 실천하고 있고, 상당히 큰 수익을 기록하고 있다. 특히 8번과 9번을 잘 활용한다면, 상당히 효과적인 전략적 접근이 가능하다(뒷부분에 좀 더 추가적으로 설명하겠다). 다음 그림은 종합주가지수가 15% 정도 하락하는 강한 기술적 조정장일 경우, 3배수 ETF가 45% 하락하면서 나타나는 주가 움직임 곡선 예시다.

3배수 ETF, 강한 기술적 조정(15% 하락) 구간 회복 곡선

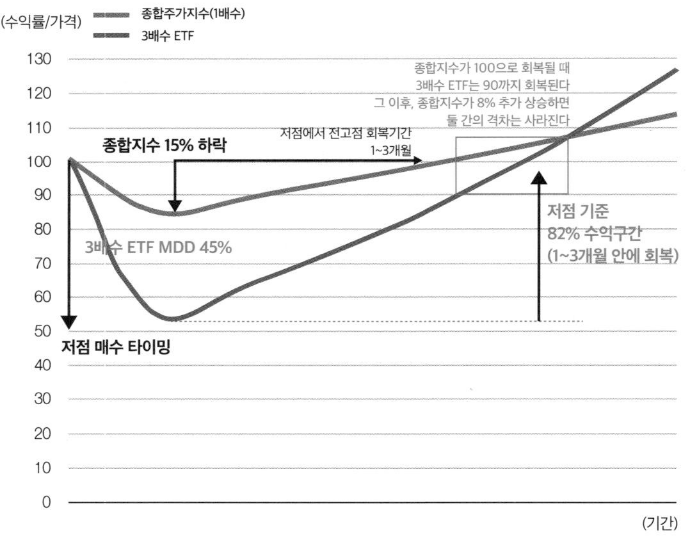

두 번째, 대조정 기간에 발생하는 3배수 ETF의 'MDD 위험도'를 분석해 보자. 대조정장(종합주가지수 기준으로 20~30% 하락)이 발생하면, 종합주가지수를 3배수로 추종하는 ETF는 대략 55~75% 정도 하락한다. 이것도 큰 문제가 되지 않는다. 3배 변동폭으로 설계된 상품이라서 '정상적'으로 하락했을 뿐이다. 3배수 ETF 상품에 장기투자를 하는 사람이라면, 그냥 들고 있으면 아무런 위험이 없다. 오히려 55~75% 하락했을 때

저점에서 추가 매수할 좋은 타이밍이다. 다음은 이러한 상황에서 3배수 ETF 상품의 움직임 특성들이다.

1. 대조정이 발생해서 만들어진 종합주가지수(1배수) 하락은 최저점에 이른 후부터 평균 6~18개월 안에 전부 회복된다.
2. 만약 저점에서 추가 매수를 하면 234% 수익률을 안겨 준다.
3. 종합주가지수가 전고점을 100% 회복할 때, 3배수 ETF는 80%까지 회복된다.
4. 종합주가지수가 전고점 회복 후에 15% 추가 상승하면, 둘 간의 격차는 사라진다.
5. 종합주가지수가 전고점 회복 이후부터 추가로 15% 상승하는 데까지 걸리는 시간은 평균 6~12개월 정도다.
6. 그 이후, 3배수 ETF는 1배수 주식 수익률 추월을 다시 가동한다.
7. 필자가 미국 주식시장 100년을 분석해 본 결과, 종합주가지수 기준으로 30% 정도 하락하는 강한 대조정장은 3~5년에 한 번 정도 일어난다.

다음 그림은 종합주가지수가 28% 정도 하락하는 강한 대조정장일 경우, 3배수 ETF가 70% 하락하면서 나타나는 주가 움직임 곡선 예시다.

3배수 ETF, 대조정(20~30% 하락) 구간 회복 곡선

강한 대조정장(30% 하락)은 3~5년에 한 번 정도 일어난다

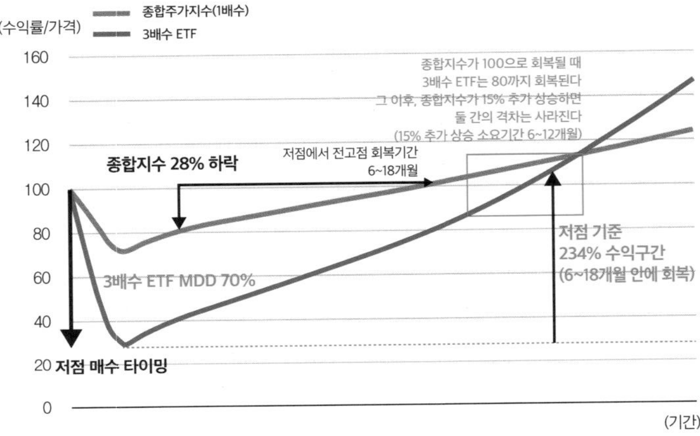

세 번째, 대폭락 기간에 발생하는 3배수 ETF의 'MDD 위험도'를 분석해 보자. 대폭락(종합주가지수 기준으로 30~40% 하락)이 발생하면, 종합주가지수를 3배수로 추종하는 ETF는 대략 75~85% 정도 하락한다. 하지만 이것도 큰 문제가 되지 않는다. 3배수 ETF 상품에 장기투자를 하는 사람이라면, 그냥 들고 있으면 아무런 위험이 없다. 당신의 전 재산을 잃을 가능성이 전혀 없다. 오히려 75~85% 하락했을 때 저점에서 추가 매수할 좋은 타이밍이다. 다음은 이런 상황에서 3배수 ETF 상품의 움직임 특성들이다.

1. 대폭락이 발생해서 만들어진 종합주가지수(1배수) 하락은 최저점에 이른 후부터 평균 12~24개월 안에 전부 회복된다.
2. 만약 저점에서 추가 매수를 하면 300~570% 수익률을 안겨 준다.
3. 종합주가지수가 전고점을 100% 회복할 때, 3배수 ETF는 72%까지 회복된다.

4. 종합주가지수가 전고점 회복 후에 20% 추가 상승하면, 둘 간의 격차는 사라진다.
5. 종합주가지수가 전고점 회복 이후부터 추가로 20% 상승하는 데까지 걸리는 시간은 평균 12~18개월 정도다.
6. 그 이후, 3배수 ETF는 1배수 주식 수익률 추월을 다시 가동한다.
7. 필자가 미국 주식시장 100년을 분석해 본 결과, 종합주가지수 기준으로 30~40% 하락이 발생하는 대폭락장은 7~10년에 한 번 정도 일어난다.

다음 그림은 종합주가지수가 39% 정도 하락하는 강한 대폭락장일 경우, 3배수 ETF가 84% 하락하면서 나타나는 주가 움직임 곡선 예시다.

3배수 ETF, 대폭락(30~40% 하락) 구간 회복 곡선

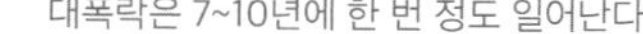

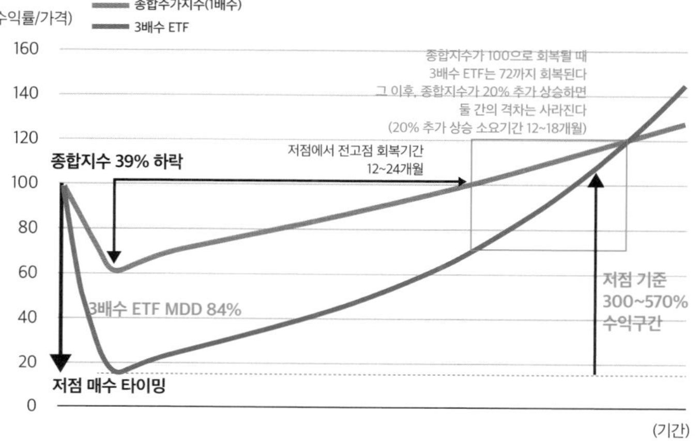

마지막으로, 금융위기 기간에 발생하는 3배수 ETF의 'MDD 위험도'를 분석해 보자. 대폭락이 발생하면 종합주가지수는 미국은 50% 정도, 신흥국에서는 75% 내외의 하락폭을 기록한다. 미국 종합주가지수를 추종하는 3배수 ETF의 경우, 대략 90~93% 내외로 하락한다. 3배수 ETF에 투자한 사람이라면 잠을 못 이룰 정도의 엄청난 하락폭이다. 그럼에도 불구하고, 전 재산을 잃을 가능성이 전혀 없다. 오히려 90~93% 하락했을 때 저점에서 추가 매수할 좋은 타이밍이다. 다음은 이런 상황에서 3배수 ETF 상품의 움직임 특성들이다.

1. 금융위기가 발생해서 만들어진 종합주가지수(1배수) 하락은 최저점에 이른 후부터 평균 24~48개월 안에 전부 회복된다.
2. 만약 저점에서 추가 매수를 하면 900~1330% 수익률을 안겨준다.
3. 종합주가지수가 전고점을 100% 회복할 때, 3배수 ETF는 60%까지 회복된다.
4. 종합주가지수가 전고점 회복 후에 18% 추가 상승하면, 3배수 ETF는 원금을 전부 회복한다.
5. 종합주가지수가 전고점 회복 후에 추가 상승이 30%까지 도달하면, 둘 간의 격차는 사라진다.
6. 종합주가지수가 전고점 회복 이후부터 추가로 30% 상승하는 데까지 걸리는 시간은 평균 12~24개월 정도다.
7. 그 이후, 3배수 ETF는 1배수 주식 수익률 추월을 다시 가동한다.
8. 미국의 경우, 금융위기는 30~40년에 한 번 정도 일어난다.

다음 그림은 종합주가지수가 48% 정도 하락하는 금융위기가 발생할 경우, 3배수 ETF가 91% 하락하면서 나타나는 주가 움직임 곡선 예시다.

3배수 ETF, 금융위기(50% 하락) 구간 회복 곡선

금융위기는 30~40년에 한 번 정도 일어난다

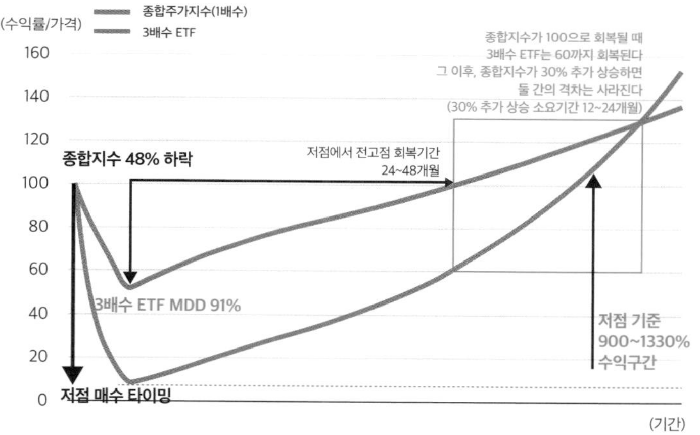

필자는 주식시장에서 빈번하게 발생하는 하락장 네 가지(기술적 조정장, 대조정장, 대폭락장, 금융시스템 붕괴)에서 3배수 ETF 상품이 어떻게 움직이는지에 대한 설명을 완료했다. 2008년 글로벌 금융위기와 같은 심각한 위기를 맞아도 3배수 ETF 상품은 3~5년 안에 원금 회복이 가능하다. 한 마디로, "3배수 ETF 상품을 10년 이상 장기투자하면 전 재산을 날릴 수 있다"는 말은 '거의' 사실이 아니다.

필자가 '거의' 사실이 아니라고 평가한 이유는 나스닥에서는 30~40년, 다우에서는 100년에 한 번 정도나 일어날 수 있는 종합주가지수가 80% 이상 대폭락하는 '초대형 재앙급 버블 붕괴'가 하나 남아 있기 때문이다. 미국 주식시장 역사에서 80% 이상 초대형 재앙급 버블 붕괴가 일어난 사례는 단 두 차례 있다. 한 번은 1929년 대공황으로 시작된 다우 지수의 대폭락이다. 1929년 7월 31일 380포인트를 찍은 후 1932년 5월 31일 43포인트를 기록할 때까지 2년 10개월 동안 88% 대폭락했다. 다른 한 번은 2000년 닷컴 버블 붕괴 때다. 2000년 2월 29일에 4398포인트를 찍은 후 2002년 9월 2일 833포인트를 기록할 때까지 2년 6개월 동안 81% 대폭락했다.

대공황 붕괴, 다우 88% 대폭락 구간 회복 곡선

출처: TRADINGECONOMICS.COM

닷컴 버블 붕괴, 나스닥 81% 대폭락 구간 회복 곡선

출처: TRADINGECONOMICS.COM

만약 앞으로 종합주가지수가 81% 대폭락하는 상황이 재발하면, 종합주가지수를 3배수로 추종하는 ETF는 99.75% 하락한다. 종합주가지수가 88% 대폭락하면, 3배수 ETF는 99.96% 하락한다. 이 정도의 초대형 폭락이 발생하더라도 끝까지 팔지 않고 버티면 3배수 ETF 원금 회복의 시간은 반드시 온다. 하지만 문제는 13~24년 정도 걸린다. 이것 때문에 "3배수 ETF 상품을 10년 이상 장기투자하면 전 재산을 날릴 수 있다"는 말이 나온 것이다. 필자도 이 상황을 3배수 ETF 상품이 가지고 있는 단 하나의 'MDD 위험'이라고 생각한다. 다음은 이런 상황에서 3배수 ETF 상품의 움직임 특성들이다.

1. 종합주가지수(1배수)가 80% 이상 대폭락하면, 종합주가지수(1배수)가 최저점에 이른 후부터 대폭락 이전 전고점을 회복하는 데 평균 10~20년이 걸린다.
2. 종합주가지수(1배수)가 대폭락 이전 전고점을 100% 회복하는 데 오랜 시간이 걸리는 이유는 두 가지다. 하나는 상식적 이유다. 폭락 규모가 너무 커서 전고점 회복까지 물리적 시간이 필요하다. 다른 하나는 전고점 회복에 시간이 오래 걸리다 보니, 그 시간 동안 최소 한 번 정도의 대조정이나 대폭락을 추가로 얻어맞기 때문이다.
3. 종합주가지수가 전고점을 100% 회복할 때, 3배수 ETF는 25% 정도만 회복된다.
4. 종합주가지수가 전고점 회복 후에 60% 추가 상승해야 3배수 ETF는 원금을 전부 회복한다.
5. 종합주가지수가 전고점 회복 이후부터 추가로 60% 상승하는 데까지 걸리는 시간은 평균 36~48개월 정도다. 즉, 3배수 ETF는 초대형 폭락 이전의 원금을 회복하는데 걸리는 평균 시간이 13~24년이 소요된다.
6. 종합주가지수가 전고점 회복 후에 추가 상승이 100%까지 도달해야 둘 간 격차가 사라진다.

3배수 ETF, 닷컴 버블(81% 하락) 구간 회복 곡선

80% 이상 대폭락은 나스닥에서는 30~40년에 한 번, 다우에서는 100년에 한 번 정도 일어난다

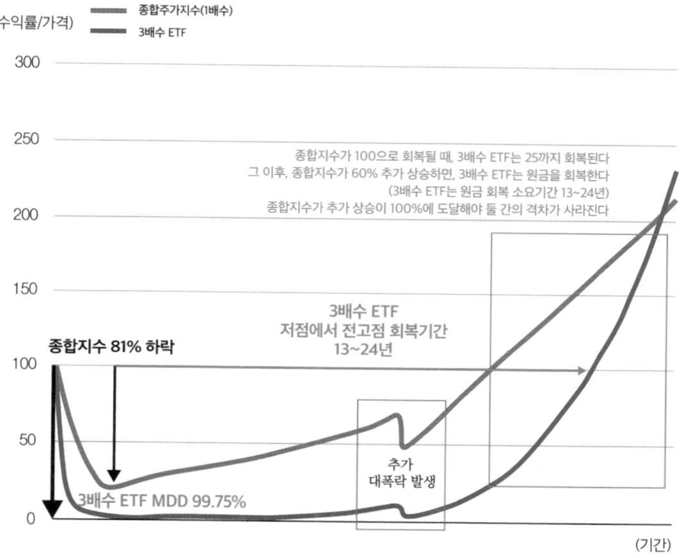

필자도 이런 상황을 3배수 ETF 상품 투자에서 발생할 수 있는 단 하나의 'MDD 위험'이라고 규정하지만, 전 재산을 잃거나 원금 회복에 13~24년이 소요되는 일이 '실제로' 일어날 가능성은 매우 낮다고 생각한다. 그 이유가 무엇일까? 첫째, 미국의 종합주가지수가 50% 이상 대폭락할 경우에는 하락 시간이 오래 걸린다. 예를 들어, 2008년 글로벌 금융위기 당시에 미국 다우 지수가 전고점 대비 50% 하락하는 데 15개월 걸렸다. 1929년과 2000년에 발생했던 80% 이상 대폭락은 30~34개월에 걸쳐서 일어났다. 3배수 ETF 상품의 99.96% 손실은 이 기간 동안 아무런 대응도 하지 않고 내버려 두는 경우에만 발생하는 이론적 손실률에 불

과하다. 둘째, 종합주가지수 80% 이상 대폭락하는 사건은 나스닥에서는 30~40년, 다우에서는 100년에 1번 정도만 일어난다. 즉, 평생 1~2번 일어날까 말까 한 위험이라는 말이다. 셋째, 앞으로 1~2번 재발된다고 하더라도, 다우 지수에서는 일어날 가능성이 없다. 대공황 시절, 다우 지수가 88% 대폭락한 것은 미국 경제가 전통 산업까지 모두 무너졌기 때문이다. 만약 앞으로 다우 지수가 80% 이상 대폭락는 사태가 발생한다면 미국의 전통 산업 전반이 속절없이 무너지고, 미국 GDP가 3년 연속 평균 -10%씩 하락하며, 실업률이 30%까지 치솟는 상황이 벌어져야 한다. 이런 상황이 벌어진다면, 미국 주식뿐만 아니라 전 세계 주식이 80~90% 대폭락한다. 글로벌 대재앙 사태라는 말이다. 넷째, 미국 연준과 정부의 경제 위기 대응력이 대공황 때와는 비교되지 않을 정도로 좋아졌다. 만의 하나라도 미국 경제 전반이 모두 무너지는 사태가 발생해도, 연준과 미국 정부가 그대로 보고 있지 않는다. 즉, 1929년의 상황은 재발 불가능이다.

다만, 필자는 나스닥에서 2000년 닷컴 버블 붕괴 수준의 대폭락 가능성은 충분히 있다고 예측한다. 나스닥 버블 붕괴는 미국 산업 전체가 무너지는 상황이 아니기 때문이다. 나스닥에서 일어나는 주가 대폭락은 미래 산업 분야에서 비이성적 가격 수준으로 달나라까지 치솟은 기술기업 주식 버블이 걷히는 상황이다. 수많은 스타트업과 기술 기업들이 파산하고 이들에게 돈을 빌려준 은행과 채권시장도 충격을 받는다. 하지만 대형 기술 기업이 전부 파산하지는 않는다. 전통 산업도 주가가 덩달아 하락하고 채권시장에서 일시적으로 자금조달이 힘들어지면서 위기에 몰린다. 그렇다고 미국 경제 전체가 붕괴하지는 않는다. 이런 상황이라면 충분히 반복 가능하다.

물론 이런 사태가 재현되어도 걱정할 필요는 없다. 3배수 ETF 투자에서 전 재산을 잃을 대재앙을 피할 방법은 얼마든지 있다. 우선, 나스닥 버블 붕괴가 재현되어 80% 이상 대폭락이 일어나더라도 한순간에 주식가격이 80%까지 곤두박질치지 않는다. 2000년 나스닥 지수 81% 대폭락도 2년 6개월 동안 주식가격이 계속 빠지면서 만들어진 최종 수치다. 대응기간은 차고 넘친다. 나스닥 버블 대붕괴를 피할 근본적 방법도 있다. 나스닥 지수를 추종하는 3배수 ETF에 투자하지 말고, 전통 산업이나 S&P500 지수를 추종하는 3배수 ETF를 매수하면 된다. 2000년 닷컴 버블이 일어날 때 나스닥 지수는 81% 대폭락 했지만, 다우 지수는 34%, S&P500 지수는 46% 정도만 하락했다. 전고점을 회복하는 기간도 나스닥은 12년 정도 걸렸지만, 다우와 S&P500 지수는 각각 3년 6개월과 4년 정도 걸렸다.

닷컴 버블 붕괴, 다우 34% 대폭락 구간 회복 곡선

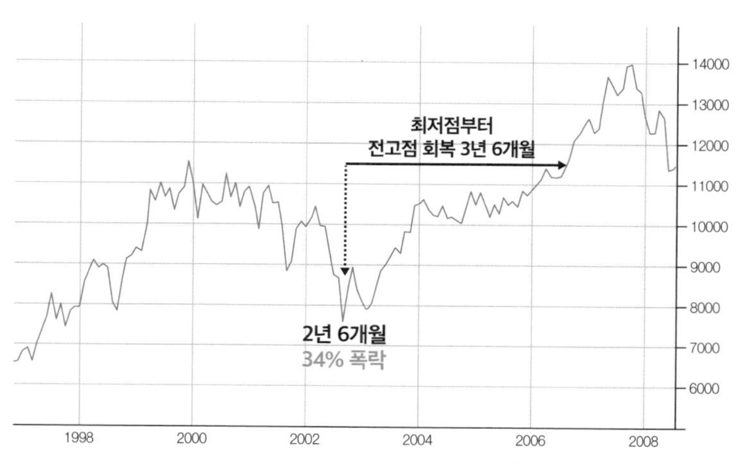

출처: TRADINGECONOMICS.COM

닷컴 버블 붕괴, S&P500 46% 대폭락 구간 회복 곡선

출처: TRADINGECONOMICS.COM

이런 질문을 할 수도 있다. "이런 초대형 폭락이 발생하면, 해당 3배수 ETF 상품이 상장폐지되면 '존버' 할 수도 없지 않나요? 그러면 전 재산을 날리는 일이 벌어질 텐데요?" 맞다. 상장폐지되면 하락분을 모두 실제 손실로 떠안게 된다. 그렇지만 전 재산을 잃지는 않는다. 대폭락으로 내가 보유했던 A라는 3배수 ETF가 상장폐지되었다고 가정해 보자. 대폭락 이후 상승 방향에 대한 기대를 등에 업고, 거의 비슷한 가격에 B라는 또 다른 3배수 ETF가 새롭게 상장된다. 상장폐지되고 보유한 주식 수만큼 1/n로 계산되어 되돌려 받은 현금으로 비슷한 가격에 새로 상장되는 3배수 ETF로 갈아타면 된다.

정리해 보자. 3배수 ETF로 장기투자하면 쪽박 된다? 아니다. 주식시장에서 그 어떤 대폭락 상황이 벌어져도(사기나 주가조작에 당하지만 않는다면), 전 재산을 날리는 대재앙을 피할 방법은 얼마든지 있다. 손실이 일어나도, 원금 회복은 시간문제일 뿐이다. 오히려 대폭락을 이용하는 역발상 투자를 한다면, 3배수 ETF 투자로 10년 동안 수익률 100배 초대박을 기록할 수 있다.

읽을거리

ETF 장점

ETF의 장점 몇 가지를 살펴보자.[3]

첫째, ETF는 수수료가 저렴하다. 인덱스펀드도 수수료가 저렴하지만, ETF는 인덱스펀드보다 수수료가 더 적게 든다. 일반 펀드는 1~3%의 수수료를 지불하지만, ETF는 평균 0.15~0.7%의 수수료를 낸다(레버리지 배율에 따라 2배는 연 0.95%, 3배는 연 1.65% 정도가 적용된다). 특히, ETF는 증권거래소에서 주식처럼 거래되기 때문에 펀드 환매라는 개념이 없어서 펀드 환매 수수료가 없다. 게다가 거래세도 없다. 단, 2배 혹은 3배 레버리지 ETF 상품은 펀드 보수가 1% 안팎으로 1배수 ETF보다 비싸다. 레버리지 ETF는 선물·옵션 만기에 따른 거래비용(롤오버 비용)도 1배수 ETF의 3배다. 해외 레버리지 ETF에 투자하면 환율 변동도 영향을 받는다. ETF는 각 자산마다 기준 통화가 있다. 미국 거래소에서 상장된 ETF는 달러로 거래된다. 따라서 원-달러 환율 변동에서 발생하는 침식 효과도 발생할 수 있다. 하지만 거래비용, 운영보수 차이, 환율 변동에서 발생하는 침식 효과는 3배수 ETF 상품을 장기투자할 때 가져다주는 엄청난 수익을 감안하면 큰 단점이 아니다. 수익이 큰 만큼 비용이 클 뿐이다.

둘째, 일반 펀드보다 운용 방법이 투명하다. 일반 펀드와 달리 ETF는 보유 종목과 운용 방법이 실시간으로 투명하게 공개된다. 펀드매니저가 해

---

3 리처드 페리, 『현명한 ETF 투자자』(이건 옮김), 리딩리더, 2011, 56-104.

당 ETF가 추종하는 지수와 기초상품을 운용규정에 맞게만 소극적(Passive)으로 운용하기 때문에 실시간으로 투명하게 공개될 수 있다. ETF 포트폴리오 내역(PDF, Portfolio Deposit File)도 매일 확인할 수 있다. ETF의 NAV(Net Asset Value, 순자산가치) 가격도 거의 실시간으로 제공한다. 매매하기 적절한 가격을 실시간으로 확인할 수 있어서 (주식처럼) 거래가격 투명성도 높다. 참고로, NAV는 ETF의 내재가치를 말해주는 가격지표다. ETF 자산에서 부채와 비용을 뺀 후 전체 ETF 주수로 나눈 가격으로서 ETF의 가장 기초가 되는 가격이다. 증권거래소에서는 10초마다 추정 NAV를 공표한다. NAV 가격과 비교되는 것은 시장가격이다. 시장가격은 (주식처럼) 매도호가와 매수호가가 경합되어 결정된다. 때문에 NAV와 일치하지 않는다. NAV와 시장가격의 차이를 '괴리율'이라고 한다. 괴리율이 클 경우에는 고평가 된 것이니 신중해야 하고, 작을 경우에는 저평가 된 상황이니 매수를 하는 것이 좋다. 괴리율이 적을수록 해당 ETF의 신뢰도가 높고 LP가 역할을 잘 하고 있다고 평가할 수 있다. 또한 해당 ETF가 추적하는 지수의 수익률과 NAV의 차이를 '추적오차율'이라고 한다. 추적오차율이 낮을수록 집합투자업자의 운용 능력이 좋다고 평가한다. 추적오차율이 발생하는 이유는 연간 보수(운영보수, 판매보수, 수탁보수, 사무관리보수), 종목 교체를 할 때 발생하는 거래비용, 분배금(분기별로 지급되는 편입된 종목의 배당금, 운용상 발생한 초과수익금) 때문이다. 거래비용을 줄이기 위해 추적하는 지수의 기초자산을 100% 완벽하게 복제하지 못하고 부분 복제만 하는 것도 한 이유다.

셋째, 주식처럼 환금성도 좋다. 매도를 한 후, D+2일에 결제해 주는 제도를 따른다.

넷째, 투자 대상과 자산이 다양하다. 하나의 주식 계좌로 전 세계 각국 시장의 주가지수에서부터 채권, 해외 주식, 금이나 은, 원유, 곡물, 기타 원자재, 각종 섹션 등에 투자할 수 있다. 또한 운용할 때도 주식이나 채권 등 기초자산에 대한 파생상품을 활용하고 스와프 등을 이용할 수 있어서 인덱스를 2~3배수로 추적하는 레버리지(leverage) ETF, 인덱스를 거꾸로(Inverse) 추적하여 하락장에서도 수익을 낼 수 있는 인버스(Inverse) ETF도 만들어낸다. 즉, 하락장에서도 수익을 올리는 기회를 만들 수 있다. 그래서 개인투자자들도 기관투자자 못지않게 포트폴리오를 운용할 수 있다.

다섯째, 만기 연장(Rollover) 걱정을 할 필요가 없다. 선물거래에서는 '만기'라는 것이 있다. 특정 물건을 미래의 정한 시점에 사고팔기로 미리 계약을 한 후, 만기가 되면 계약한 대로 결제를 이행해야 한다. 당연히 만기에 대한 관리가 필요하다. 만기가 되면 청산을 할지, 아니면 만기된 선물 포지션과 같은 종목과 수량의 포지션을 열어서 만기를 연장하는 롤오버(Rollover)를 할지 선택해야 한다. 번거롭기도 하고, 실수하면 큰 손해를 본다. ETF는 원자재에 투자를 하더라도 만기 연장(Rollover) 걱정이 없다. ETF 운용사가 알아서 해 주기 때문이다.

여섯째, 원자재 등에도 소액 투자가 가능하다. 원자재 등은 선물거래에서 많이 취급되는 상품인데, 선물거래는 주식거래와 달리 최소 증거금이 (상대적으로) 높다. 하지만 원자재도 ETF 상품으로 만들어지면 소액으로 투자할 수 있다. ETF는 상장될 때, CU라는 설정 단위를 사용한다. 1CU는 수만 좌에서 수십만 좌로 구성된다. 개인투자자는 1좌부터 거래할 수 있다. 선물, 옵션 등의 파생상품을 거래할 때 필요한 최소 증거금(500~1,500만 원)이 없어도 1좌 이상을 살 수 있는 최소 금액으로 투자할 수 있다. ETF 1좌의 평균 가격은 12,000원 정도다.

일곱째, 분산투자 효과를 거둔다. 특정 지수를 추종하는 ETF는 낮은 비용으로 인덱스펀드 효과를 얻을 수 있어서 개별 종목의 돌발 악재나 한 종목의 과도한 하락으로 발생하는 피해를 줄일 수 있는 장점이 있다.

여덟째, 인덱스펀드처럼 특정한 지수 수익률에 연동된 ETF는 장기투자에서는 액티브펀드보다 안정적인 수익률을 낼 수 있다. 펀드매니저가 적극적(Active)이고 공격적으로 운용하는 액티브펀드는 잦은 매매에 따른 비용, 변동성이 큰 상황에서 나타나는 고위험 가능성, 높은 운용수수료 등의 단점을 갖는다. 당연히 장기투자를 할 경우는 인덱스를 추종하는 ETF 수익률을 이기기 힘들다. 예를 들어, ETF와 액티브펀드의 운용수수료가 연간 1.5% 차이가 날 경우 10년이 지나면 그 자체로만 수익률에서 14.3% 차이가 난다. 20년이 지나면 32.6% 차이가 난다. 장기투자를 할수록 작은 수수료 차이가 큰 수익률 차이를 만들어낸다.[4]

아홉째, ETF는 상장폐지가 되더라도 주식처럼 휴지조각이 되지는 않는다. ETF가 상장폐지될 경우 지정참가회사가 자산보관회사에 보관해 놓

---

4 최영선, 『ETF 초보투자자가 꼭 알아야 할 75가지』, 원앤원북스, 2012, 27.

은 주식현물을 곧바로 청산해서 투자자에게 현금으로 반환해 준다.

열째, 세금이 적다. 국내 주가지수를 일대일로 추종하는 국내 주식형 ETF(레버리지와 인버스 ETF 제외)는 증권거래세, 매매차익 세금, 금융종합소득세가 없고 배당소득세만 있다. 배당소득세는 분배금의 15.4%다. 국내 주식형 ETF를 제외한 기타 ETF는 수익이 날 경우 매매차익의 15.4%를 배당소득세로 내고, 금융소득종합과세 대상자는 매매차익에서 최대 41.8%까지 세금을 내야 한다. 해외 ETF는 양도차익의 22%를 세금으로 낸다. 하지만 이것은 ETF의 단점이 아니다. 아마존이든, 3배수 ETF든 상관없이 해외 주식을 매매할 때 동일하게 적용되는 규정일 뿐이다. 해외 주식에 대한 세금은 매년 5월에 1년간의 양도차익을 기준으로 자율 신고한다. 수익이 없거나 손해가 났을 때는 신고할 필요가 없다. 수익이 250만 원 미만일 때에도 신고할 필요가 없다. 250만 원 초과분에 대해서만 양도소득세 22%를 낸다. 대신 글로벌 ETF는 매매 수익의 22%를 양도소득세로 내기 때문에 금융소득종합과세 대상에 포함되지 않기 때문에 고액을 투자하는 사람에게 유리하다. 대부분의 국내 증권사에서 해외 ETF에 투자할 수 있는 서비스를 제공한다. 하지만 해외 ETF라도 국내 증시에 상장된 것은 국내의 기타 ETF와 같은 세금 규정을 따르니 주의하자.

제3장
기본에 충실한 500% 수익 전략

부자들의 3배수 ETF 전략의 핵심은 '최대 낙폭(MDD) 역이용'이다. 최대 낙폭(MDD) 역이용은 두 가지 전략이 있다.

첫째, 종합주가지수 30% 이상 대폭락만 피한다. 3배수 ETF로는 70% 이상 대폭락만 피한다. '종합주가지수 30% 이상 대폭락만 피한다'는 전략은 두 가지 투자 행동을 한다는 말이다. 하나는 30% 이하 하락은 그대로 맞는다. 다른 하나는 30% 이상 대폭락이 발생하기 전에 투자금 전액을 현금화한다.

둘째, 30% 이상 대폭락이 일어난 후에 저점에서 투자금을 집중한다.

필자가 미국 주식시장 100년을 분석한 결과, 종합주가지수가 30~40% 정도 하락하는 대폭락장은 7~10년에 한 번 정도 일어났다. 필자는 이것을 미국 주식시장의 대폭락을 예측하는 기준으로 삼는다. 대폭락이 발생하는 평균 주기는 7~10년, 주가 폭락 규모는 30~40%가 기준점이다. 필자의 연구 결과, 미국 주식시장은 이런 패턴을 기준으로 대폭락 발생 주기가 빨라지거나 느려진다. 가장 빠른 주기는 4~5년이고, 가장 느린 주기는 10~12년이다. 주기가 빨라지면 당연히 대폭락 규모도 기준(30~40%)보다 작아진다. 주기가 느려지면 대폭락 규모는 기준(30~40%)보다 커진다. 이런 기준을 따르면, 10년마다 1~2번 정도 30~40% 수준의 주가 폭락이 발생한다. 기본 전략은 7~10년에 1번 정도 발생하는 30~40% 수준의 주가 대폭락만 피하기다. 즉 3배수 ETF 투자로 10년간 최대 100배 수익, 적어도 50배 이상의 수익을 얻을 수 있다. 쉽게 정리하면 다음과 같다.

1. 3배수 ETF를 10년간 장기보유한다.
2. 10년간 장기보유하는 동안, 대폭락이 발생하기 전에 단 1번만 전량 팔아 현금화한다.
3. 대폭락이 끝나고(3배수 ETF가 전고점 대비 70~80%까지 하락) 저점 부근에서 현금 전액으로 3배수 ETF를 재매수를 하여 7~10년 후에 다시 오는 대폭락 때까지 장기보유한다.

위와 같은 기본 전략을 구사할 때 10년간 3배수 ETF 투자 수익률을 계산해 보자. 다음 그림은 세 가지 시나리오다. 첫 번째는 10년 기간 중에 대폭락이 초반에 일어날 경우다. 두 번째는 중반에 일어날 경우다. 세 번째는 후반에 대폭락이 일어날 경우다. 세 가지 시나리오 모두 경로 차이만 있고, 최종 수익률은 같다.

3배수 ETF, 대폭락(30~40% 하락) 이용 수익률 곡선

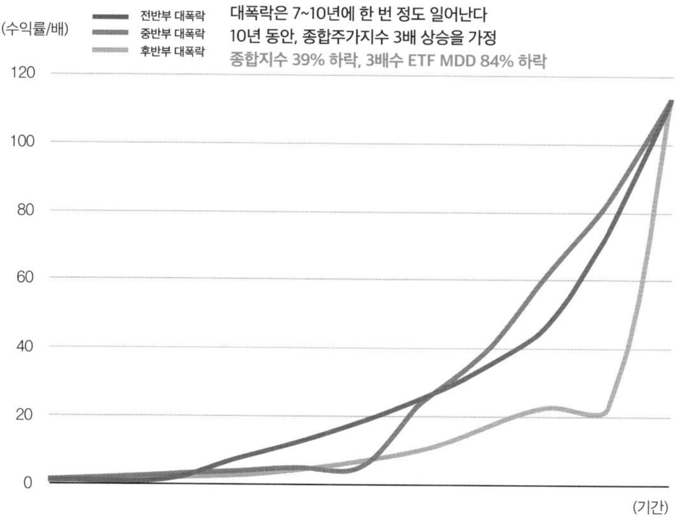

위 시나리오 시뮬레이션 환경은 필자가 미국 주식시장에서 일어나는 굵직한 패턴만을 적용하여 임으로 만든 것이다. 필자가 임의의 가정을 가지고 시뮬레이션을 진행한 것은 이유가 있다. 첫째, 미국 주식시장에서 실제로 일어난 주가 변동을 정확하게 표현하기 힘들다. 정확하게 표현할 수 있다고 해도, 앞으로 10년 동안 일어날 미래 주가 변동 곡선과 전혀 다르기 때문에 큰 의미가 없다. 오히려 지난 100년 동안 미국 주식시장에서 일어났던 거시적 패턴 몇 가지를 조건으로 삼아 시뮬레이션을 하는 것이 유용하다. 둘째, 이 책은 앞으로 10년 동안 실제로 일어날 수익률을 한 치의 오차도 없이 정확하게 예측하는 것이 목적이 아니다. 대략적인 패턴과 흐름을 예측하여 투자 통찰력과 좀 더 나은 판단력을 갖게 하기 위함이다.

필자가 위 시뮬레이션에서 적용한 가정은 세 가지다. 첫째, 10년에 한 번 대폭락이 일어난다. 둘째, 대폭락이 발생할 경우 종합주가지수는 39%, 3배수 ETF는 84% 하락한다. 셋째, 10년 동안 종합주가지수(1배수)는 3배 상승을 한다. 독자에 따라서 이런 가정을 수정하고 싶을 수 있다. 그럴 경우, 필자의 기본 가정을 수정한 만큼 수익률 수치를 어림셈으로 조정하면 된다. 중요한 것은 이것이다. 독자들이 나름 필자의 가정을 보수적으로 수정하더라도 10년 동안 '대폭락'을 한 번만 피하면 3배수 ETF 수익률은 일반 주식투자보다 몇 십 배 좋다. 다음 표는 대폭락이 10년 중 초반(2년 차)에 일어나는 시나리오에서 연차별 임의의 수익률 계산 샘플이다. 종합주가지수를 추종하는 3배수 ETF 수익률은 종합주가지수 상승률의 3배로 계산했다. 종합주가지수가 -39% 폭락할 때 3배수 ETF는 -84% 하락하는데, 우리 시나리오는 대폭락을 미리 예측하고 피한다고 했으니 수익률은 0이다. 그리고 대폭락 이후에 저점 부근에서 다시 전액 재매수를 한다는 가정은 (이론적 최대 수익률 550% 중에서) 수익률 400%로 설정했다. 3년 차의 400% 수익률을 제외하고, 나머지 구간은 한 번도 매도를 하지 않고 그대로 보유하고 있으니 손실 없이 최대 수익률을 얻을 수 있다.

	1년	2년	3년	4년	5년	6년	7년	8년	9년	10년
			최대 550%							
3 ETF 수익률	45%	0%	400%	60%	60%	36%	36%	36%	60%	52%
1	1.45	1.45	7.25	11.60	18.56	25.24	34.33	46.69	74.70	113.54
1	1.15	0.70	1.05	1.26	1.52	1.70	1.90	2.13	2.55	3.00
종합지수 수익률	15%	-39%	50%	20%	20%	12%	12%	12%	20%	17.5%

필자가 10년간 미국 종합주가지수 상승률을 3배로 잡은 것은 역사적 패턴에서 뽑아낸 가정이다. 다음 그림들을 보자. 1940~2020년 코로나19 대폭락 이전까지 미국 주식시장에서 다우 지수의 매 10년간 상승률이다(참고로, 왼쪽은 미국 분기별 GDP이고 오른쪽이 다우 지수다). 1960~1980년대에 베트남 전쟁, 오일쇼크, 쿠바 미사일 위기, 홍콩 독감 등 굵직한 경제 충격 이슈가 있던 시기, 2000~2010년에 닷컴 버블과 부동산 버블 붕괴를 연속으로 두 번 맞았을 때를 제외하고는 미국의 종합주가지수는 10년마다 3배씩 상승했다.

1940~1960년, 미국 GDP(분기), 다우 지수 추이

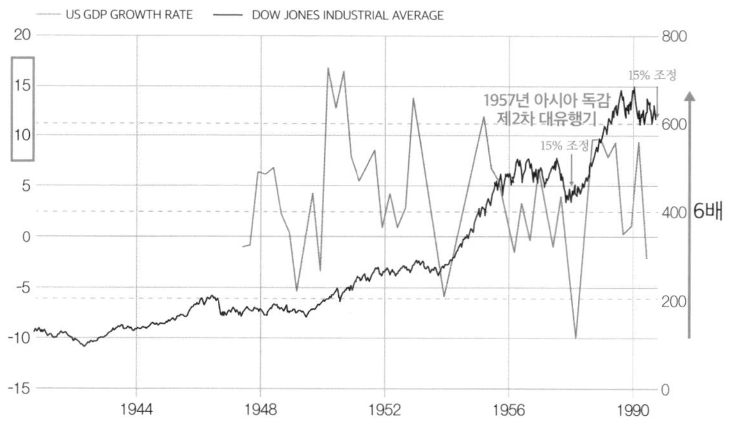

출처: TRADINGECONOMICS.COM

1960~1980년, 미국 GDP(분기), 다우 지수 추이

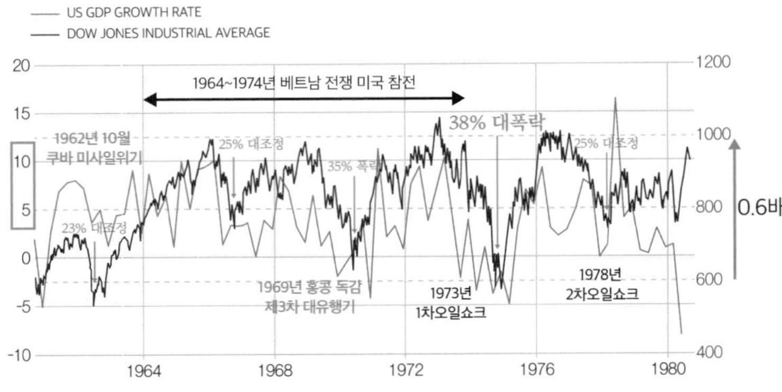

출처: TRADINGECONOMICS.COM

1980~1990년, 미국 GDP(분기), 다우 지수 추이

출처: TRADINGECONOMICS.COM

1990~2000년, 미국 GDP(분기), 다우 지수 추이

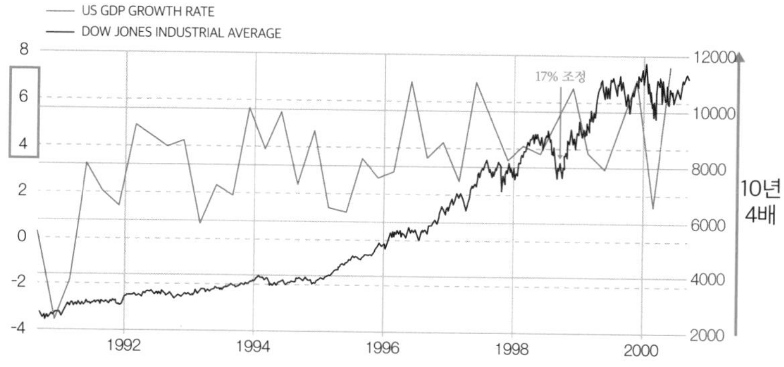

출처 : TRADINGECONOMICS.COM

2000~2010년, 미국 GDP(분기), 다우 지수 추이

출처: TRADINGECONOMICS.COM

2010~2021년, 미국 GDP(분기), 다우 지수 추이

출처: TRADINGECONOMICS.COM

기본 전략에서 대폭락(30~40%)만 피하고, 종합주가지수 30% 이하 하락(기술적 조정과 대조정)은 그대로 맞는 이유는 무엇일까? 두 가지 이유다. 첫째, 대폭락(30~40%)보다 상대적으로 예측하기 어렵다. 둘째, 30% 이하의 하락은 피하지 않고 그대로 맞아도 빨리 회복되기 때문에 중장기 전략에서는 큰 변수가 되지 않는다.

필자는 제1장에서 S&P500 지수를 3배수로 추종하는 ETF인 SPXL, 나스닥 지수를 3배수로 추종하는 ETF인 TQQQ의 실제 수익률을 소개했다. 다음 그림에서 보듯이, 두 종목 모두 상장 이후 10년 동안 60~70배 수익률을 기록했다. 이 수익률은 10년 동안 한 번도 매도하지 않고 그대로 보유했을 때의 수익률이다. 필자가 이번 제3장에서 제시한 기본 전략(10년에 대폭락 1번만 피하기)을 구사하면 수익률이 100배 전후까지 증가시킬 수 있다는 말이 충분히 근거가 있는 조언이다.

S&P500 지수를 3배수로 추종하는 ETF인 SPXL 누적 수익률

출처: Yahoo finance

나스닥 지수를 3배수로 추종하는 ETF인 TQQQ 누적 수익률

출처: Yahoo finance

읽을거리

ETF의 종류

ETF는 크게 현물 ETF와 합성 ETF의 두 가지 종류로 분류할 수 있다. 현물 ETF는 전통적인 ETF로서, 주식과 채권 등에 직접 투자하여 지수의 성과를 추종한다. 하지만 현물 ETF는 해외 지수나 특정 섹터 지수, 원유, 부동산 등 상품 가격 지수를 복제하고 추종하는 데 한계가 있다. 이를 해결하기 위해서 탄생한 것이 합성 ETF다.

합성 ETF는 실물 자산 대신 무형의 장외 스와프(Swap) 거래 계약이라는 파생금융상품 기법을 활용하여 목표지수 수익률을 보장받는 방법으로 지수 추적이 어려운 해외 지수나 상품 지수를 복제·추종하는 ETF다. 스와프란 정해진 시점에 자금이나 자산을 맞교환한다는 상호계약이다. 이때 스와프거래 상대방(증권사, 대형 투자은행)은 운용주체로서 특정 지수나 상품 가격과 연동되는 수익률을 복제하여 ETF에 제공하고, 그 과정에서 생기는 스와프 마진을 수익으로 얻는다. ETF 운용사는 거래 상대방의 위험관리 등을 담당한다.[5]

합성 ETF는 아직 미국에서도 전체 ETF 중의 3%에 불과할 정도로 비중이 낮다. 하지만 추종이 어려운 투자대상 지수도 상품화할 수 있고, 현물 ETF보다 추적오차를 관리하기 편하기 때문에 추적오차가 작고, 비용도 적

---

5 KRX, open.krx.co.kr/contents/OPN/01/01030202/OPN01030202.jsp#2a76d8d1f7c19052404ba05f0f4539b8=1

은 등의 장점 때문에 앞으로 계속 늘어날 가능성이 크다. 합성 ETF의 가장 큰 단점은 장외파생상품 거래에서 거래 상대방이 해당 의무를 이행하지 못할 위험이 있다는 점이다. 이런 위험을 해지하기 위해 스와프거래 상대방인 증권사로부터 담보를 제공받는다. 하지만 담보 부실의 위험이 여전히 남는다. 스와프거래 상대방의 파산 및 담보자산 부실화의 가능성으로 인해 금융 불안이 확산되는 시기에는 ETF 대량 환매 요구가 발생할 가능성이 있다. 만약, 스와프거래 상대방이 파산하면 해당 기관이 제공한 담보 자산은 파산 관재인(bankruptcy administrator)이 동결할 수 있어서 권리 확보에 문제가 발생할 수 있다. 합성 ETF는 현물 ETF보다는 설계구조가 복잡하기 때문에 그만큼 투명성도 감소한다.[6] 이런 위험들을 해결하기 위해서 유로 지역에서는 합성 ETF에 내재된 신용위험을 줄이기 위한 담보물의 적격요건 강화, 분산투자 기준 이행 점검, 증권대여 및 공시에 관한 규제 강화를 하고 있다. 다음은 합성 ETF의 구조를 보여주는 그림[7]이다.

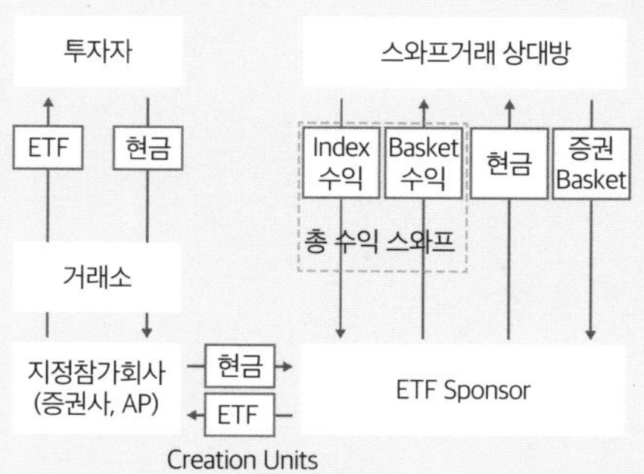

6 정원경, 윤여진, 「국내 ETF 현황 및 정책적 시사점」(한국은행 Monthly Bullentin, September, 2012), 30, 34.

7 정원경, 윤여진, 「국내 ETF 현황 및 정책적 시사점」, 33.

제4장
대폭락은 충분히 예측할 수 있다

종합주가지수 30~40% 이상 하락하는 대폭락을 한 번만 피하는 전략으로 3배수 ETF로 100배 수익을 내는 전략은 성공할 수 있다. 이제 독자들은 다음 질문을 할 것이다. “대폭락을 어떻게 예측하고 피할 수 있을까?” 필자의 대답은 다음과 같다. “대폭락이 발생하는 이유와 조건을 공부하면 된다.”

주식시장에서 대폭락이 발생하는 것은 우연이 아니다. 반드시 이유와 조건이 있다. 주식시장은 대상승과 대폭락을 반복하면서 우상향한다. 우상향하는 이유는 크게 두 가지다. 첫째, 경제 규모가 커진다. 경제 규모가 커진다는 것은 기업의 매출과 이익 규모가 커진다는 것이다. 그만큼 주식시장도 커지면서 우상향한다. 둘째, 지속적인 돈 가치 하락이다. 돈 가치 하락은 유동성 규모가 계속 증가하는 것과 관련이 깊다. 연준이 돈을 풀고, 정부가 재정적자를 늘리면 시중에 돌아다니는 돈 규모가 커진다. 돈의 규모가 커지면, 주식가격은 상승한다.

주식시장은 경제와 돈의 규모가 커지면서 장기적으로 우상향하지만, 그 과정에서 대상승과 대폭락을 반복한다. 대상승과 대폭락이 반복되는 이유도 크게 세 가지다. 첫째, 경기가 호황과 불황을 반복하기 때문이다. 둘째, 시중에 돌아다니는 돈의 규모도 '늘었다, 줄었다'를 반복한다. 셋째, 주식시장에서는 광기가 반복적으로 일어난다. 주식투자는 미래가치를 먹고산다. 미래가치는 과도한 기대감이 포함되기 마련이다. 시장에 미래가치에 대한 과한 기대감이 형성되면 주식가격이 비이성적으로 과대 상승한다. 버블이다. 이런 버블은 미래가치에 대한 과한 기대감이 수그러들면 풍선에서 바람이 빠지듯 붕괴한다.

정리해 보자. 주식시장에서 대상승과 대폭락이 반복되는 것은 경제와 돈이다. 경제가 좋고, 돈이 많으면 대상승한다. 대폭락은 경기가 불황으로 접어들고, 돈의 규모가 줄며, 주식시장에서 과도한 미래 기대감이 수그러지는 일이 겹칠 때 일어난다. 주식시장은 이런 패턴이 반복되면서 장기적으로 우상향한다. 그리고 주식시장 우상향은 국가 경제성장과 돈의 가치 하락이 멈추지 않는 한 계속된다.

이런 이치와 패턴을 알고 있으면, 대폭락이 언제쯤 일어날 가능성이 있는지를 '어림셈'으로 예측할 수 있다. 일종의 시그널을 준다. 필자의 경험상, 대폭락이 발생하기 6~12개월 전부터 신호가 나온다. 그 신호를 잘 포착하면 대폭락에 대비하는 투자 전략을 세울 수 있다. 독자들이 관심을 가지고 지켜볼 대폭락 신호는 세 가지다. 경제성장률(GDP), 기준금리, 주식시장 버블 규모다. 이 세 가지 지표 중 세 가지 모두 위험 수준을 넘어서면 대폭락이 일어나고, 한두 가지만 위험 수준을 넘어서면 기술적 조정이나 대조정 수준의 하락이 발생한다. 예외적으로, 세 가지 요소가 동시에 발생하지 않아도 주식시장 대폭락이 일어나는 상황이 한 가지 있다. 전쟁, 오일쇼크, 코로나19 팬데믹 등 초강력 경제충격이 발생하여 경제성장률이 심각한 수준으로 급락하는 경우다. 그러면 경제성장률(GDP), 기준금리, 주식시장 버블 규모의 위험 수위들이 무엇인지 살펴보자.

첫 번째 조건을 살펴보자. 경제성장률(GDP)과 주식시장 관계다. 다음 그림들은 1940~2020년 코로나19 대폭락 이전까지 미국 경제성장률(GDP)과 다우 지수의 관계다(왼쪽은 미국 분기별 GDP이고, 오른쪽이 다우 지수다). 그림에서 보듯이, 경제성장률은 상승과 하락을 반복한다. 그리고 경제성장률이 하락하는 구간(화살표 표시 구간)에서는 주식가격은 하락하거나 박스권에 머문다.

1940~1960년, 미국 GDP(분기), 다우 지수 추이 - GDP 하락

GDP가 하락하면, 주가는 박스권이나 하락한다

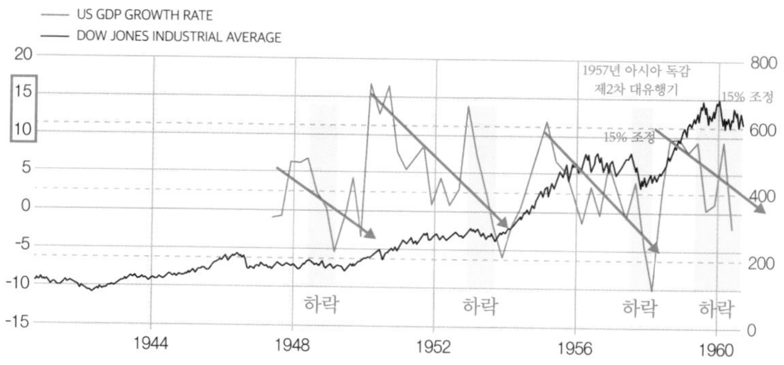

출처: TRADINGECONOMICS.COM

1960~1980년, 미국 GDP(분기), 다우 지수 추이 - GDP 하락

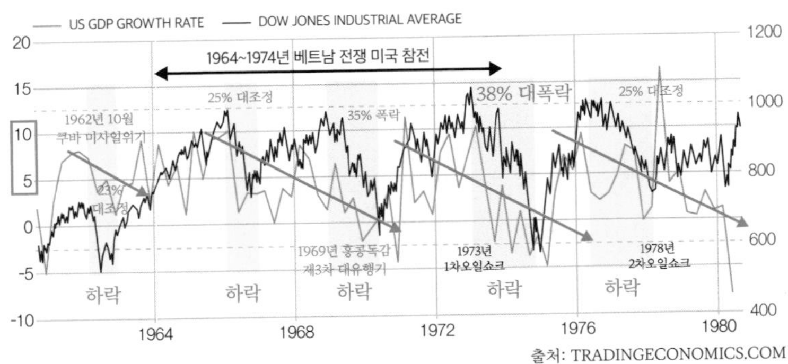

출처: TRADINGECONOMICS.COM

1980~1990년, 미국 GDP(분기), 다우 지수 추이 - GDP 하락

출처: TRADINGECONOMICS.COM

1990~2000년, 미국 GDP(분기), 다우 지수 추이 - GDP 하락

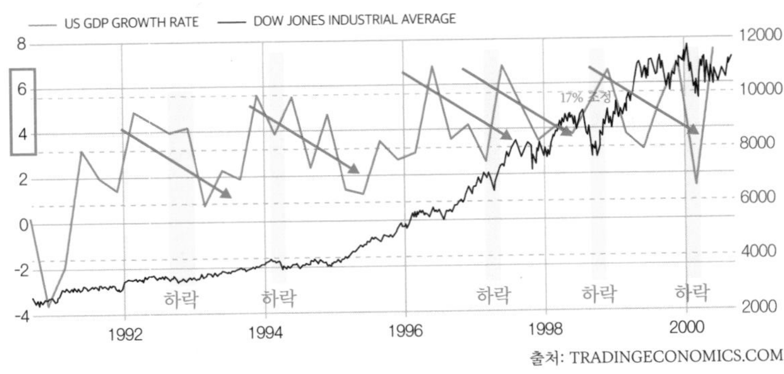

출처: TRADINGECONOMICS.COM

2000~2010년, 미국 GDP(분기), 다우 지수 추이 - GDP 하락

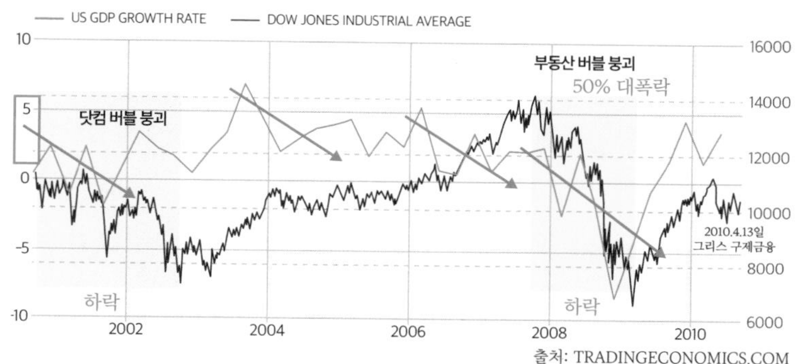

출처: TRADINGECONOMICS.COM

2010~2021년, 미국 GDP(분기), 다우 지수 추이 - GDP 하락

출처: TRADINGECONOMICS.COM

두 번째 조건, 기준금리와 주식시장 관계를 살펴보자. 다음 그림들은 1920년대부터 현재까지 미국 주식시장이 연준의 양적완화와 긴축정책 사이에서 어떻게 움직였는지를 보여준다. 연준이 양적완화를 실시해서 돈이 풀리면 주가는 빠르게 상승하고, 양적완화를 중단하면 대조정을 받으며, 재개하면 재상승하는 패턴을 반복적으로 보인다. 이런 패턴을 반복하다가 기준금리 인상이 상당한 폭으로 진행되어 이자 부담 압박

이 최고조에 이르는 상황(기준금리 인상 후반부)과 경제성장률(GDP) 하락 국면이 겹치면 주식시장은 '더 이상 버티지 못하고' 대폭락했다. 참고로, 기준금리를 인하하여 이자 부담 압박을 줄여 주면, 경제성장률이 하락해도 대폭락을 일어나지 않고 기술적 조정이나 대조정이 발생한다.

세 번째 조건인 주식시장 버블 규모의 위험 수위는 대폭락의 시점과 대폭락 규모를 알게 해 주는 신호다. 평균적으로 전고점 대비 2.5~3배 이상 상승하면 대폭락이 임박했다는 신호다. 대폭락의 규모는 많이 오르면 커지고, 적게 오르면 작아진다. 2000년 닷컴 버블 붕괴 때 나스닥 종합지수가 81% 하락했다. 이렇게 엄청난 규모로 폭락한 이유는 닷컴 버블 붕괴 직전까지 10년 동안 나스닥 지수가 21배나 폭등했기 때문이다. 이외에도 대폭락이 근접했다는 것을 알려주는 부가 신호들은 정부 재정적자, 실업률, 인플레이션, 신용창출 속도, 하이일드 채권 스프레드 등 다양한 지표들이 있다. 하지만 이 책에서는 보조 지표들까지는 다루지 않겠다. 개인투자자는 핵심 지표 세 가지만으로도 대폭락 시점 어림셈이 가능하기 때문이다.

정리해 보자. 종합주가지수(1배수)가 30~40% 이상, 3배수 ETF 70~80% 이상 대폭락 상황은 경제성장률(GDP) 하락, 기준금리 인상 압박 최고조, 전고점 대비 2.5~3배 이상 주가 상승이 동시에 발생하면 일어날 가능성이 매우 높다. 단, 세 가지 요소가 동시에 발생하지 않아도 주식시장 대폭락이 일어나는 상황이 한 가지 있다. 전쟁, 오일쇼크, 코로나19 팬데믹 등 초강력 경제 충격이 발생하여 경제성장률이 심각한 수준으로 급락하는 경우다. 대폭락을 역이용한 3배수 ETF 투자 기본 전략도 다시 정리해 보자.

1. 3배수 ETF 장기투자를 시작한다.
2. 경제성장률(GDP) 하락, 기준금리 인상 압박 최고조, 전고점 대비 2.5~3배 이상 주가 상승이 동시에 겹치는 시기를 '대략' 추정한다.
3. 추정 시점부터 6~12개월 이전에 3배수 ETF를 전량 매도하여 현금화하고 대폭락을 기다린다.
4. 대폭락이 발생하면 저점 부근(3배수 ETF가 전고점 대비 70~80%까지 하락)에서 3배수 ETF를 재매수를 하여 7~10년 후에 다시 오는 대폭락 때까지 장기보유한다.

참고로, 인플레이션율은 연준의 긴축정책(양적완화 축소, 기준금리 인상) 속도에 영향을 미친다. 연준이 긴축정책 속도를 높이면 기준금리 인상 압박 시점도 빨라지고 압박 규모도 커진다. 2000년 닷컴 버블 붕괴가 일어나자, 연준은 2003년 7월까지 기준금리를 계속해서 내렸다. 2003년 7월에 1%의 최저 기준금리에 도달한 이후 11개월 정도 초저금리 상황을 유지했다. 초저금리가 유지되는 기간에 미국의 GDP는 빠르게 상승하면서 위기 이전 수준을 회복했다. 그 뒤를 따라서 인플레이션율이 상승을 시작하고 실업률도 5.6%까지 하락하자, 연준은 기준금리 인상을 시작했다. 2008년 서브프라임 모기지 사태가 터지면서 금융위기가 발발했다. 미국 경제는 2009년 여름부터 반등을 시작했다. 하지만 2010년 4월 13일 그리스의 IMF 구제금융 신청을 시작으로 유럽 전체가 금융위기에 빠졌다. 그러자 연준은 긴축정책으로 전환을 대략 3년 정도 늦췄다. 2013년에 들어서면서 유럽 금융위기가 진정되자 12개월 정도 추가로 초저금리(제로금리)를 유지한 후에 GDP가 반등하고 인플레이션율 하락이 멈추며 상승으로 전환할 기미를 보이자, 2014년 1월 긴축정책(양적완화 축소)을 시작했다. 2020년 3월 코로나19 팬데믹 대재앙이 미국을 비롯해서 전 세계를 강타했다. 2021년 1분기에 백신 접종이 활발해지면서, 미국 경제는 위기 국면을 벗어나기 시작했다. 경제성장률도 급반등했다. 인플레이션율도 폭등했다. 2021년 미국의 각종 경제지표들은 이전 두 번의 위기(닷컴 버블, 글로벌 금융위기) 이후 GDP, 인플레이션율, 실업률 등의 움직임보다 더 강하고 빠르게 반등했다. 이전 두 번의 위기 때에는 반등폭이 위기 이전 전고점을 넘지 않았다. 하지만 2021년은 경제성장률과 인플레이션율이 위기 이전 전고점을 2~3배 넘어섰다. 그 결과, 연준의 긴축정책 전환 속도도 예상보다 빨라졌다.

읽을거리

ETF 시장 구조와 발행 과정

ETF 시장 구조를 간단하게 알아보자. ETF가 설정되고 환매되는 역할을 담당하는 '발행시장(Primary Market)'이 있고, 주식시장 참가자들이 증권거래소를 통해 ETF를 매매하는 '유통시장(Secondary Market)'이 있다. ETF 발행시장에서 일어나는 과정은 일반적인 뮤츄얼펀드와 구별점이다. 발행시장은 개별 ETF가 목표로 하는 특정한 지표를 잘 추종할 수 있게 하여 위험성을 줄이는 역할을 담당한다. 발행시장을 도입한 이유는 기존의 뮤추얼펀드처럼 펀드매니저(법인투자자)가 투자자들과 직접거래를 하는 과정에서 발생할 수 있는 다양한 위험요소들을 방지하기 위해 허가받은 '지정참가회사'를 사이에 두고 거래를 하는 방식이다. 펀드매니저(법인투자자)는 일반투자자들과 현금으로 거래하는 과정에서 발생하는 세금 문제를 허가받은 '지정참가회사'와 현물 교환을 통해 해결하는 장점도 얻는다. 유통시장에서는 주식투자와 같은 방식으로 ETF 거래가 일어난다. 기존의 뮤추얼펀드는 하루에 한 번 거래할 수 있는 것과는 달리, ETF는 주식처럼 거래소에 등록하고 원하는 대로 거래를 할 수 있다.

ETF 발행 과정을 살펴보자. 먼저, 발행시장에서 투자를 전문으로 하는 법인투자자가 지정참가회사(AP, Authorized Participants)에게 ETF 발행 요청을 하고 현금을 납입한다. 지정참가회사는 대체로 증권사가 역할을 맡는다. ETF 발행시장에서 집합투자업자와 법인투자자를 연결해 준다. 법인투자자에게서 현금을 받은 지정참가회사는 증권매매시장에서 증권을 매수

한다. 매수한 증권현물을 지정참가회사는 자산보관회사(신탁업자)에 CU 단위(Credit Unit, 1CU는 수만 좌에서 수십만 좌)로 납입하고, 집합투자업자에게 ETF (법인투자자를 대신해서) 설정 신청을 한다. ETF의 전반적 운영을 맡은 집합투자업자는 지정참가회사로부터 ETF 설정 및 환매 신청을 받아 PDF를 검토하고 조정하는 일을 하면서 ETF 발행과 운영을 담당한다. 설정 신청을 받은 집합투자업자는 자산보관회사에 증권현물 납입을 재확인한 후 지정참가회사에 ETF를 발행해 준다. 증권현물이 보관된 증권바스켓에 대한 정보는 매일 공개된다. 지정참가회사는 발행 받은 ETF 계좌를 법인투자자에게 입고해 주면 발행 과정이 끝난다.

이런 과정을 거쳐 설정된 ETF는 집합투자업자를 통해 증권거래소에 상장된다. ETF가 증권거래소에 상장되면, 집합투자업자는 시장 호가를 공급할 유동성공급자(Liquidity Provider)와 계약을 맺는다. 참고로, 지정참가회사가 유동성공급자(LP)를 겸하여 활동할 수 있다. 유동성공급자(LP)는 ETF 가격이 NAV(Net Asset Value, 순자산가치)에 수렴하고 거래량을 활성화시키는 역할을 맡는다. 특정 지수나 특정 상품과 수익률이 복제되어 움직이는 ETF는 가격을 시장에만 맡겨놓으면 정상적인 가격 범위에서 원활하게 움직이지 않거나 시장가격과 NAV 가격 괴리율이 과도하게 커질 수 있다. 유동성 공급을 담당하는 LP(Liquidity Provider)는 유통시장에서 거래량 부족으로 인해 투자자가 원하는 때에 적정한 가격으로 매매를 못하는 상황이 발생하는 일이 없도록 호가를 조절하는 역할을 한다. 다음은 ETF 발행에서 운용까지 전 과정을 나타낸 그림[8]이다.

ETF 시장 구조

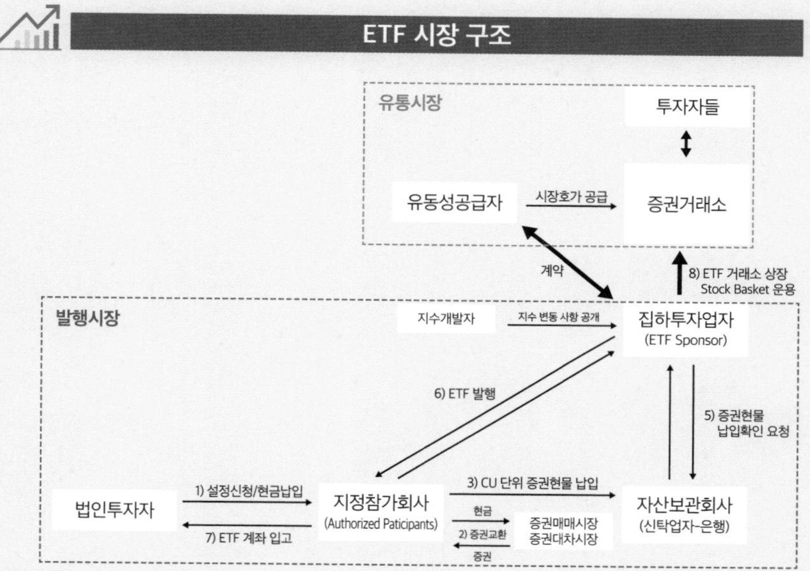

8 최영선, 『ETF 초보투자자가 꼭 알아야 할 75가지』, 원앤원북스, 2012, 57-59.

제5장
1년마다 3배수 ETF 수익률 80% 극대화 전략

대폭락 패턴을 역이용하는 또 다른 전략들도 소개한다. '대폭락 패턴'이란 이전 대폭락에서 다음 번 대폭락 직전까지 매번 반복적으로 일어나는 '일정하고 연속적인 사건들의 조합'이다. 대폭락의 주기는 기준점인 7~10년보다 빨라지거나 늦어지는 등 매번 다르다. 하지만 대폭락과 대폭락 사이에는 매번 일정하게 반복되는 사건들이 있다. 필자가 이 책에서 소개하는 것은 두 가지다. 하나는 대폭락과 대폭락 사이에 매년 반복적으로 나타나는 상황이고, 다른 하나는 대폭락과 대폭락 사이에 한 번은 일어나는 상황이다.

먼저, 대폭락과 대폭락 사이에 매년 반복적으로 나타나는 상황이다. 2004~2021년까지 18년 동안 다우 지수 추세를 모으고, 1년을 4개월씩 3개로 나눠서 같은 기간끼리 묶어 주가 움직임을 비교하면 3배수 ETF 투자 전략을 세우는데 좋은 통찰력을 주는 패턴의 모습이 드러난다. 지난 18년 동안 매년 1~4월에는 다우 지수가 우상향할 확률이 50%였다. 5~8월까지는 다우 지수가 우상향으로 상승할 가능성이 6%다. 이 기간에는 주가가 약한 상승과 약한 하락을 반복하며 5% 내외 조정을 기록하면서 4개월 내내 일정한 박스권에 머문 것이 7번, 크게 하락하여 전고점 대비 8~15% 정도 기술적 조정을 받은 경우가 11번이었다. 마지막 3번째 구간인 9~12월은 우상향할 확률이 77%다.

필자가 제안하는 전략은 박스권이나 강한 기술적 조정을 받을 확률이 94% 정도인 매년 5~8월까지 구간에서 3배수 ETF를 저점에서 분할 매수하여 수익률 향상을 시도하는 것이다. 2004~2021년까지 18년 동안 전고점 대비 8~15% 정도 기술적 조정을 받은 경우가 61%(11번)이니 2년마다 한 번은 추가 수익률을 올릴 기회가 생긴다. 전략은 다음과 같다.

1. 매년 4월 말에 3배수 ETF를 매도한다.
2. 5~8월 사이에 종합주가지수(1배수)가 전고점 대비 8~15% 하락하면, 3배수 ETF는 25~45% 정도 하락한다. 5~8월 사이에 최소 한 번 정도 이 정도 폭의 조정이 발생한다. 이 기회를 기다려서 저점에서 3배수 ETF를 전량 분할 재매수하여 다음 해 4월 말까지 보유한다.

이 전략을 구사하면, 최소 2년마다 30~60% 정도 추가 수익률을 기록할 수 있다. 물론 복리 효과가 발휘되는 추가 수익률이다. 다음 그림을 보자. 2010년 미국 다우 지수 움직임이다. 해당 연도에 다우 지수 한 해 누적수익률은 11% 정도였다. 1년을 3구간으로 나눴을 때, 1구간에서는 다우 지수가 7.5% 정도 상승했다. 2구간에서는 다우 지수가 최대 15% 하락하는 강한 기술적 조정을 받았다. 3구간에서는 다우 지수가 11% 상승했다. 하지만 2구간의 최저점부터 계산하면 18% 정도 상승한 셈이다. 이런 상황에서 2구간 저점 재매수 전략에 성공한다면, 3배수 ETF 투자 수익률은 어느 정도 될까?

1월 1일 3배수 ETF 1주가 100달러였다고 가정해 보자. 1구간 끝무렵(4월 말경)에 3배수 ETF를 매도하면, 20~23% 사이 수익률을 실현할 수 있다. 2구간 내 어느 시점에서 3배수 ETF가 전고점 대비 최소 30% 하락한 가격(70달러)에서 재매수할 경우, 보유 주식수는 1.43주로 증가한다. 저점에서 재매수 후 연말에 70달러에 매수한 주식이 133달러까지 상승하면 계좌 금액은 최종 190달러(1.43주)가 찍힌다. 연초 100달러 대비 90% 수익률이다. 만약 2구간 저점 재매수 전략을 사용하지 않고 1년간 계속 보유하면, 3배수 ETF 수익률은 33%다. 이에 반해서, 2구간 저점 재매수 전략에 성공하면 1년간 3배수 ETF 수익률은 90%가 되어 57%p 추가 수익률(복리)을 얻는다. 보수적으로 수익률을 산정해도 1년마다 50% 수익률과 30%의 복리 수익이 충분히 가능하다. 여기에 몇 가지 추가 전략을 사용하는 역량이 생긴다면 수익률은 좀 더 극대화될 가능성이 있다. '진짜 그럴까?'라는 의문이 생길 수 있다. 하지만 주식 격언에 '산이 높으면 골이 깊다'는 말이 있다. 반대로 생각하면 '골이 깊으면 산도 높다'고 해석이 가능하다. 즉, 오르면 내리고 내리면 오르는 것이 주식이다. 아무리 시장이 흔들리고 악재가 겹친다 하더라도 모든 투자 상품은 1년의 한 번은 반드시 상승한다. 그리고 인간이 관여하는 대부분의 것들은 패턴화되어 있어 패턴에 따라 움직일 가능성이 높다. 결국 이 전략이 그리 어려운 일이나 불가능한 일은 아니란 의미다. 필자의 130명이 넘는 투자 팀원들은 이런 방식으로 3배수 ETF 전략에 충실히 투자를 하고 있고, 실제로 수익률을 얻고 있다. 이들도 당신 같은 초보 주식투자자들이며, 그들도 전략적 행동으로 수익을 극대화하고 있다. 따라서 당신도 그리 어려운 일만은 아닐 것이다. 다만, 아직 실행하지 못했거나 익숙하지 않거나 도전하지 않았을 뿐이다.

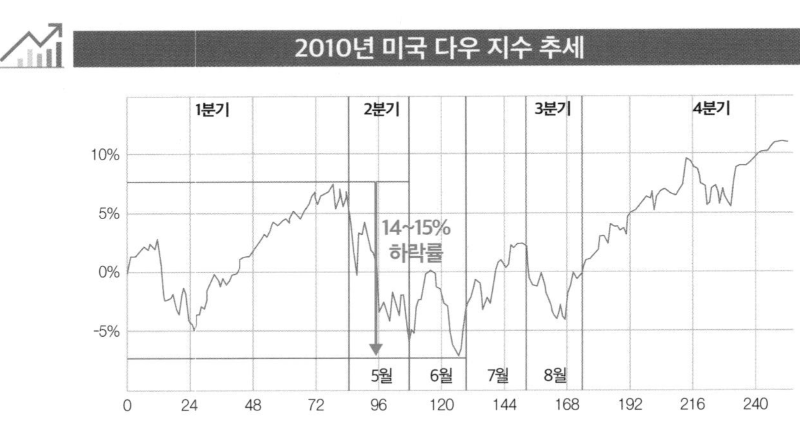

출처: macrotrends.net

필자는 2구간에서 2년마다 전고점 대비 8~15% 정도 기술적 조정을 받는 기회가 발생한다고 했다. 전고점 대비 8~15% 정도 기술적 조정을 받은 경우가 11번, 약한 상승과 약한 하락을 반복하면서 5% 내외 조정을 기록하면서 4개월 내내 일정한 박스권에 머문 것이 7번이었기 때문이다. 하지만 다우 지수(종합주가지수)가 5% 내외 조정을 기록하면서 큰 조정 없이 박스권에 머물거나 약한 상승을 기록해도, 하위 섹터들 중에서는 3배수 ETF 기준으로 30~40% 수준의 강한 기술적 조정을 받는 사례가 발생한다. 종합주가지수를 추종하는 3배수 ETF가 큰 조정을 받지 않는 연도라도, 큰 조정을 받는 하위 섹터에서 목표하는 추가 수익률을 내면 1년마다 추가 수익률 향상의 기회를 잡을 수도 있다. 다음 그림을 보자.

2021년 다우 지수는 2구간 시기에 약한 조정을 받으면서 계속 박스권에 머물렀다. 하지만 같은 기간 하위 섹터들 중에서 반도체와 에너지 산업을 추종하는 3배수 ETF는 30~40% 수준의 강한 기술적 조정을 받았다. 이런 상황이 벌어진 이유는 무엇일까? 핵심 원인은 엄청난 유동성의 힘이다. 코로나19 이후 뿌려진 엄청난 유동성과 바이든 행정부의 4조 달러 규모 인프라 투자 기대감이 계속 살아 있었기 때문에 산업 전체 섹터들이 동시에 하락하지 않았다. A라는 하위 섹터가 조정을 받으면 그 돈들이 B라는 하위 섹터로 이동을 하는 등 순환장세가 펼쳐지면서 섹터별로는 돌아가면서 조정이 일어난다. 하지만 이런 하위 섹터들을 한 데 모아놓은 종합주가지수는 약한 조정만 동반하면서 박스권을 유지하거나 약한 상승세를 유지했다. 그렇기 때문에 2구간 추가 수익 전략을 구사할 때는 종합주가지수 조정만 노리지 말고, 잉여 자금을 활용해 섹터별로 큰 조정이 일어나는 것도 함께 노리는 전략을 갖는 것이 더 좋다.

2020~2021년 미국 다우 지수 추이 - 2021년 2구간 박스권 유지

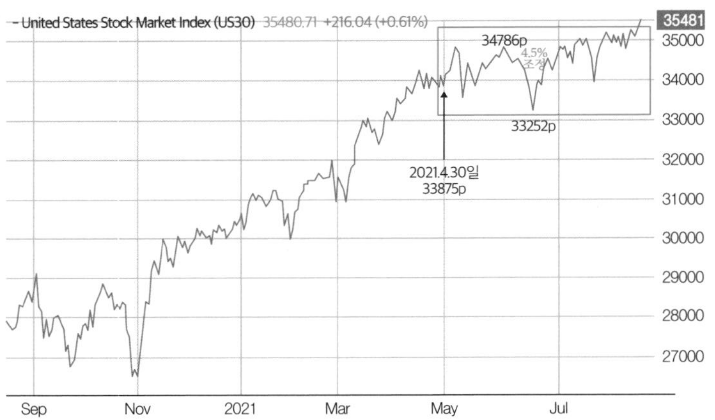

출처: TRADINGECONOMICS.COM

2021년 2구간 하위 섹터 움직임 - 에너지 산업 3배수 ETF

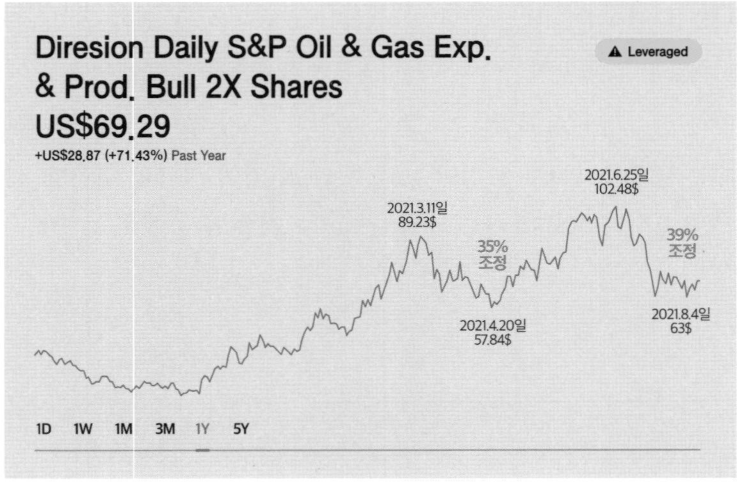

출처: www.robinhood.com

2021년 2구간 하위 섹터 움직임 - 반도체 산업 3배수 ETF

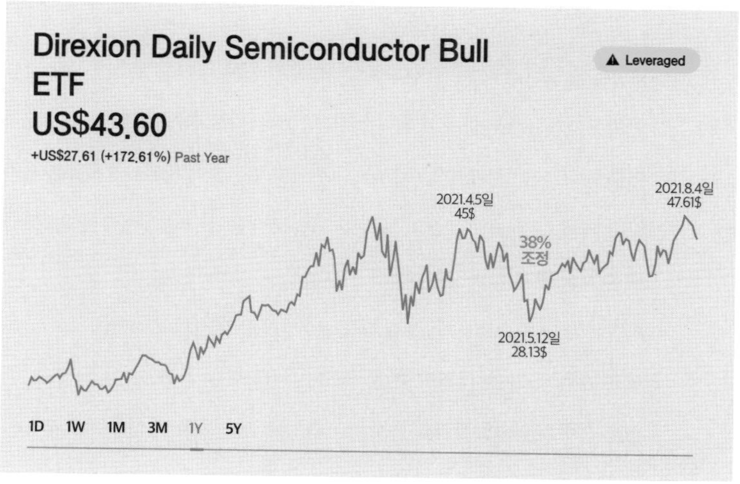

출처: www.robinhood.com

3배수 ETF 투자 누적 수익률을 추가 상승시키는 다른 하나의 전략은 대폭락과 대폭락 사이에 한 번은 일어나는 상황을 이용하는 것이다. 다음은 연준의 통화정책에 대폭락과 대폭락 사이에 일어나는 양적완화와 긴축 단계들이다(참고로, 2000년 닷컴 버블 붕괴 이후 긴축 과정에서는 긴축 1~2단계가 생략되었다).

연준의 완화 & 긴축 단계에 따른 주식시장 패턴

주식시장 대폭락 → 실업률 상승, 물가 침체 조짐 발생 →

연준 완화 1단계(기준금리 대폭 인하) → (주식시장 추가 하락) →

연준 완화 2단계(자산매입 확대) → (주식시장 기술적 반등) → 유동성 증가 →

달러 가치 하락 → 체감 물가 상승 → 기업이익 증가 → 경제성장률 증가 →

(주식시장 추가 상승: 실적장세) → 실업률 6% 도달 →

지표상 물가 상승(delay) → 장기채 금리 상승(연준 Operation Twist) →

연준 긴축 1단계(양적완화 축소) → (주식시장 조정, 추가 상승) →

연준 긴축 2단계(양적완화 중지) → (주식시장 조정, 추가 상승) →

연준 긴축 3단계(기준금리 인상 시작) → (주식시장 조정, 추가 상승) →

연준 긴축 4단계(기준금리 인상 지속) → (주식시장 조정, 추가 상승) →

실업률 4%(완전고용) →

연준 긴축 5단계(기준금리 인상 멈춤, 상방 유지) → (주식시장 조정) →

기업이익 감소 → 경제성장률 하락 → 실업률 상승 전환 →

주식시장 대폭락 혹은 대조정

위 패턴 내에서 일어나는 사건들 중에서 주식시장 조정 확률이 가장 높고 큰 시점은 연준이 실시하는 긴축 3단계(기준금리 인상 시작) 전후다. 다음 그림은 2000년 닷컴 버블과 2008년 금융위기 이후, 위 패턴이 진행될 때의 다우 지수 움직임이다. 기준금리 인상 시작 전후가 가장 충격이 컸다.

2000년 미국 닷컴 버블 붕괴, 2008년 금융위기 이후, 긴축 단계별 다우 지수 추세

출처: TRADINGECONOMICS.COM

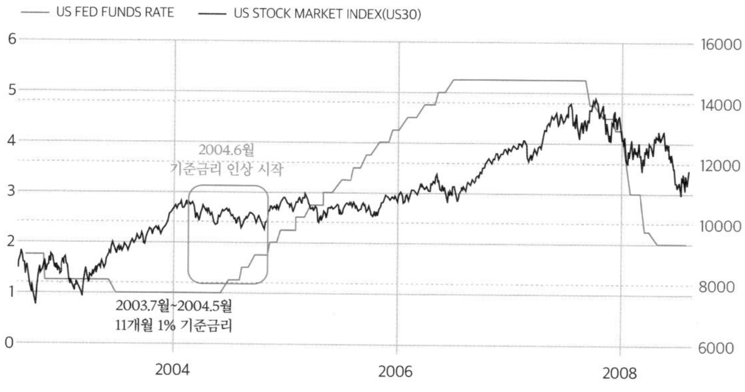

출처: TRADINGECONOMICS.COM

그림을 보자. 2014년 1월에 연준이 긴축 1단계(양적완화 축소)를 시작하기 전후에도 주식시장에서 8% 정도 기술적 조정이 2번 발생했다. 하지만 2015년 12월에 연준이 긴축 3단계(기준금리 인상 시작)를 실시하는 전후로 10~12% 정도 기술적 조정이 2번 발생했다. 2000년 닷컴 버블 붕괴 이후 패턴에서는 어땠을까? 연준이 긴축 1단계(양적완화 축소)를 시작하기 전후에는 미세한 조정만 발생했다. 하지만 2004년 6월에 연준이 긴축 3단계(기준금리 인상 시작)를 실시하는 전후로 6~7% 정도 기술적 조정이 4번 연속으로 발생했다. 2004년 다우 지수가 총 3.5% 밖에 상승하지 못한 것을 감안하면 6~7% 조정은 상당한 충격이었다. 기본 전략을 그대로 사용하면서 이렇게 예측 확실성이 높은 여름 조정장, 긴축 3단계(기준금리 인상 시작) 시점을 역이용한 매매 전략을 추가하면 3배수 ETF 수익률 추가 향상이 가능하다. 그리고 만약 투자자가 조정시마다 분할 매수 전략으로 대응할 수 있다면, 안정적인 수익을 얻는 확률적 가능성은 더 상승할 수 있다.

다음은 3배수 ETF 기본 전략 수익률 시뮬레이션과 2년마다 2구간에서 전고점 대비 8~15% 정도 기술적 조정 기회, 긴축 3단계(기준금리 인상 시작)를 실시하는 전후로 6~7% 정도 기술적 조정 기회를 10년 동안 최소 4번 잡을 경우를 가정한 시뮬레이션의 수익률 변화를 비교한 것이다. 기본 전략이 성공한다는 전제 하에서, 2년마다 2구간에서 추가 수익률을 낸다면 10년 수익률이 350배까지 상승한다. 이런 수익률 변화는 무엇을 의미할까? 기본 전략이 예상보다 수익률이 적게 나와도 2년마다 2구간에서 추가 수익률을 내는 보조 전략을 성공시키면 10년 동안 100배 수익률 도달에 큰 문제가 없다는 말이다.

종합주가지수 39% 하락, 3배수 ETF MDD 84% 하락

	1년	2년	3년	4년	5년	6년	7년	8년	9년	10년
최대 550%										
3 ETF 수익률	45%	0%	400%	60%	60%	36%	36%	36%	60%	52%
1	1.45	1.45	7.25	11.60	18.56	25.24	34.33	46.69	74.70	113.54

종합주가지수 39% 하락, 3배수 ETF MDD 84% 하락
2년마다 2구간 활용 전략으로 수익률 추가 상승

	1년	2년	3년	4년	5년	6년	7년	8년	9년	10년
최대 550%										
3 ETF 수익률	90.00%	0%	400%	60%	120%	36%	72%	36%	120%	52%
1	1.90	1.90	9.50	15.20	33.44	45.48	78.22	106.38	234.04	355.74

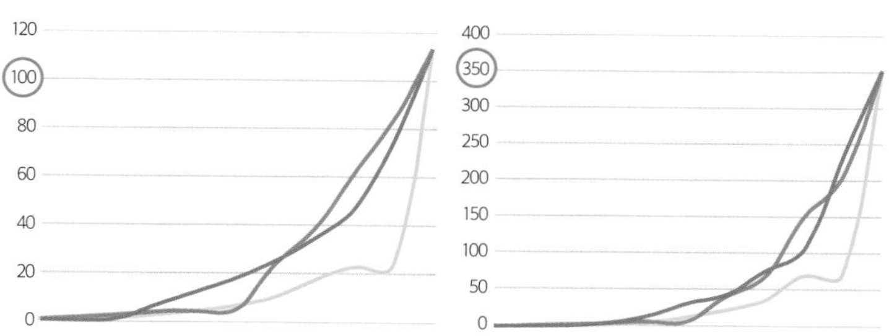

읽을거리

ETF의 단점

ETF의 단점도 알고 있어야 한다. 위험이 전혀 없는 투자는 없다.

첫째, ETF도 투자자산이기 때문에 모든 주식처럼 시장가격의 변동에 따른 가격 하락 위험이 동일하게 있다.

둘째, 모든 주식처럼 상장폐지 위험도 있다. 하지만 ETF는 기존의 뮤추얼펀드의 상장폐지율보다 현저히 낮다. ETF를 상장폐지하려면 반드시 30일 전에 그 절차를 공개적으로 진행해야 한다. 30일 동안은 평소처럼 해당 ETF 거래가 계속된다. 30일의 시간을 주는 것은 투자자에게 주식을 팔고 나갈 수 있는 시간을 제공해 주려는 의도다. 만약, 투자자가 30일이 지나도 ETF를 시장에서 팔지 못했다고 하더라도 ETF가 휴지조각이 되는 것은 아니다. 상장폐지 과정에서 ETF를 발행할 때 담보로 맡겨 놓은 포트폴리오에 들어 있는 상품을 팔아 1/n로 분배한 가격을 받는다. 최악의 경우라도 (불리한 가격을 받을지언정) 매수한 ETF가 휴지조각이 될 일은 없다.

셋째, ETF만의 고유 위험이 있다. 추적오차 위험이다. ETF는 고유의 추종 지수가 반드시 있어야 한다. ETF라는 상품 자체가 특정 지수에 '연동하듯' 지수를 맞추면서 투자금을 운용하여 수익을 내는 것이기 때문이다. '연동하듯'이라는 말에서 알 수 있듯이, 해당 ETF가 연동하여 추적하는 특정 지수에 맞추는 것을 목표로 하지만 정확하게 일치시켜야 할 의무는 없다. 투자자 입장에서는 특정 지수와 연동하기로 약속한 ETF가 오차 없이 잘 운용되기를 기대하지만 결과 값은 약간 다를 수 있다. 그 기대와 결과 값의 차이를 '괴리율'이라고 부른다. 괴리율(乖離率, disparate ratio)은 시장가격과 순자산가치의 차이를 나타내는 지표로서 '((시장가격-순자산가치)/순자산가치) x 100'으로 구한다. 이 공식에 의하면, 괴리율은 ETF의 시장가격이 고평가되면 커지고 저평가되면 작아진다. ETF의 특성상 일시적인 괴리는 수시로 발생한다. 하지만 괴리율이 3%를 벗어나서 상당 기간 지속하거나, 분기 단위로 측정할 때 일정 날짜 이상을 초과한다면 주의해야 한다. 이런 상태가 발생할 경우, 거래소는 괴리율 관리를 담당하는 해당 유동성공급자를 교체하라고 발행사에 요구한다. 만약, 1개월 이내에 유동성공급자를 교체하지 않으면 해당 종목은 투자자 보호를 위해 상장폐지된다.[9] 하지만 더 중요한 숫자는 괴리율보다는 추적오차다.

넷째, 유동성공급자(Liquidity Provider)가 유동성 조정 능력을 상실하는 것이다. 이것도 ETF만의 고유 위험이다. 2020년 코로나19가 발발하면서 국제 원유 가격이 마이너스 가격을 기록했다. 역사상 초유의 사태였다. 이때 원유 ETN, ETF에서 LP가 일시적인 엄청난 괴리율을 견디지 못해서 유동성 조정 능력을 상실하고 청산을 당했다. 하지만 이런 상황이 재발할 확률은 지극히 낮다. 2020년 사태도 인류 역사상 한 번 나오기도 힘든 비상식적 원유 가격 폭락으로 발생한 일에 불과하다.

---

9 정원경, 윤여진, 「국내 ETF 현황 및 정책적 시사점」(한국은행 Monthly Bullentin, September, 2012), 23.

제6장
대폭락을 예측할 수 없을 때에도 100배 수익 내는 전략

최악의 경우, 대폭락을 예측할 수 없다고 가정해 보자. 혹은 대폭락 예측이 틀릴 수도 있다고 생각해 보자. 그래도 문제가 없다. 독자가 "대폭락을 예측할 수 없다"고 생각하면, 다른 전략을 구사하면 된다. 불확실성이 높은 '다음 대폭락 시점 예측'보다는 확실성이 높은 두 가지 상황을 이용하는 전략이다. 첫째, '이미 일어난 대폭락'을 활용한다. 둘째, 다음 대폭락은 이전 대폭락 이후 3년 이내에는 거의 발생하지 않는다는 사실을 활용한다. 3배수 ETF 투자에서 가장 큰 상승률을 기록하는 시기는 대폭락 직후부터 3년 정도 시간이다. 이 기간 동안에는 3배수 ETF 상품을 보유하고, 이 시기가 지난 후에는 1배수로 전환하거나 전액 현금화하여 몇 년이 되었든 상관없이 다음 번 대폭락이 일어날 때까지 기다리는 전략이다. 이 전략은 3배수 ETF 투자 전략 시작을 대폭락이 일어난 후에 시작하기 때문에 10년 동안 대폭락을 2번 이용할 수 있다. 대폭락을 예측할 수 없을 때, 전략을 정리하면 다음과 같다.

1. 이미 일어난 대폭락을 확인한다.
2. 대폭락이 완료된 저점에서 3배수 ETF를 매수한다.
3. 대폭락 후 매수한 3배수 ETF가 10배 정도 상승했거나 3년 정도 시간이 지나는 연말(12월)에 전량 매도하고, 1배수로 갈아탄다(대폭락 후 저점에서 3배수 ETF를 매수하면 대략 2~3년 이내에 10배 정도 상승한다. 3배수 ETF 매도 시점을 상승률로 잡을 때 기준이 되는 수익률이다).
4. 1배수로 갈아탄 주식을 장기보유하면서 다음 대폭락을 그대로 맞는다.
5. 장기보유한 1배수가 대폭락을 그대로 맞으면, 미국의 경우 30~50% 하락한다.
6. 1배수로 대폭락을 그대로 당한 후, 대폭락이 멈추면 3배수로 전량 갈아탄다.
7. 그리고 다시 10배 상승했거나 3년 정도 시간이 지나는 연말(12월)에 전량 매도하고, 1배수로 갈아타서 다음 대폭락을 그대로 맞는다.
8. 이런 패턴을 반복한다.

이 전략에서도 10년 내에 100배 수익이 난다. 다음은 해당 전략에 따른 수익률 변화 곡선과 각 연도별 수익률 시뮬레이션 표이다. 시뮬레이션 표에서 보듯이, 대폭락 직후 3배수 ETF를 매수하여 3년간 보유하고 1배수로 전량을 전환했다. 대폭락 직전까지 1배수로 수익률을 유지하다가 대폭락(-38% 폭락)을 그대로 맞았다. 그리고 대폭락 저점에서 1배수를 팔고 3배수 ETF로 갈아탔다.

3배수 ETF 대폭락을 예측할 수 없을 때 수익률 곡선

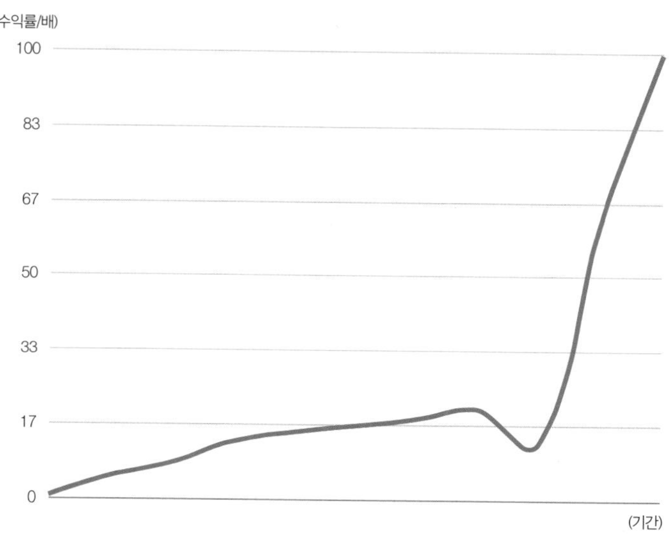

	1년	2년	3년	4년	5년	6년	7년	8년	9년	10년
3 ETF 수익률	400.00%	60%	60%	12%	12%	12%	12%	-39%	400%	60%
1	5.00	8.00	12.80	14.34	16.06	17.98	20.14	12.29	61.43	98.29

이 전략을 응용하면, 몇 가지 추가 전략을 만들 수 있다. 필자가 제안하는 추가 전략들은 다음과 같다.

대폭락을 예측할 수 없다는 가정에서, 응용 전략 ① 대폭락 후 매수한 3배수 ETF 장기보유 기간을 늘리는 것이다. 1배수 상품으로 전환하는 시간을 최대한 늦춘다면, (필자가 추천하는 시점은) 연준이 기준금리를 인상하고 난 후부터 대략 12~18개월 정도다. 이 시점에 1배수로 전량 갈아타서 대폭락을 그대로 맞는다. 다음 그림은 이런 응용 전략 하에서 수익률 곡선과 연간 시뮬레이션 표이다.

3배수 ETF 대폭락을 예측할 수 없을 때 수익률 곡선

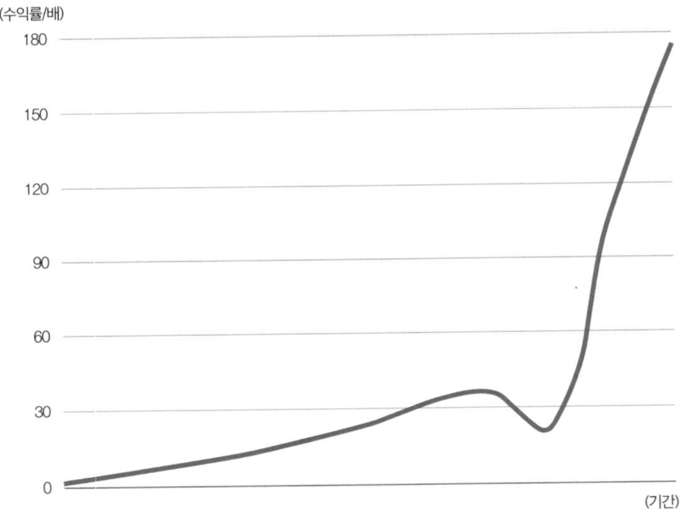

	1년	2년	3년	4년	5년	6년	7년	8년	9년	10년
3 ETF 수익률	400.00%	60%	60%	36%	36%	36%	12%	-39%	400%	60%
1	5.00	8.00	12.80	17.41	23.67	32.20	36.06	22.00	109.99	175.98

대폭락을 예측할 수 없다는 가정에서 응용 전략 ② 대폭락 후 매수한 3배수 ETF가 10배 정도 상승했거나 3년 정도 시간이 지나는 연말

(12월)에 50%만 매도하고 1배수로 갈아탄다. 나머지 50%는 대폭락을 맞을 때까지 그대로 장기보유한다. 다음 그림은 이런 응용 전략 하에서 수익률 곡선과 연간 시뮬레이션 표이다.

3배수 ETF 대폭락을 예측할 수 없을 때 수익률 곡선

3배수 ETF 절반 계속 보유, 절반은 1배수로 전환 - 3배수 전량 보유로 대폭락을 맞을 때와 비교

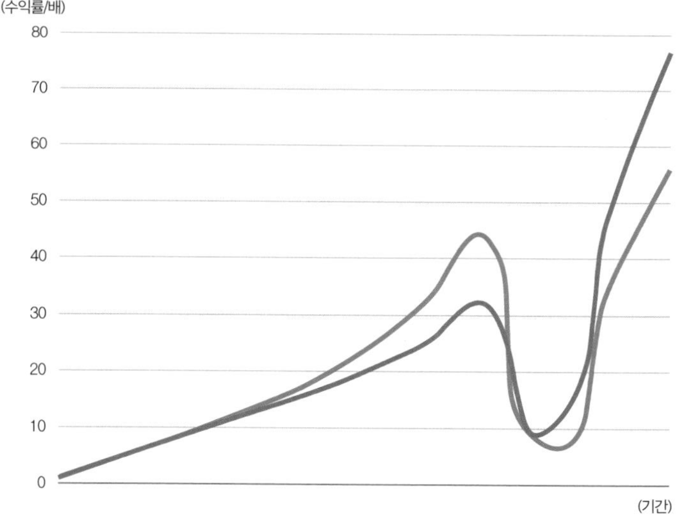

<table>
<tr><th></th><th>1년</th><th>2년</th><th>3년</th><th>4년</th><th>5년</th><th>6년</th><th>7년</th><th>8년</th><th>9년</th><th>10년</th></tr>
<tr><td>3 ETF
수익률</td><td>400.00%</td><td>60%</td><td>60%</td><td>36%</td><td>36%</td><td>36%</td><td>36%</td><td>-84%</td><td>400%</td><td>60%</td></tr>
<tr><td>1</td><td>5.00</td><td>8.00</td><td>12.80</td><td>17.41</td><td>23.67</td><td>32.20</td><td>43.79</td><td>7.01</td><td>35.03</td><td>56.05</td></tr>
<tr><td></td><td>400.00%</td><td>60%</td><td>60%</td><td colspan="5">절반은 3배수 ETF 유지,
절반은 1배수로 전환하여 대폭락을 맞는다</td><td>400%</td><td>60%</td></tr>
<tr><td>1</td><td>5.00</td><td>8.00</td><td>12.80</td><td>15.87</td><td>19.87</td><td>25.09</td><td>31.97</td><td>9.65</td><td>48.23</td><td>77.17</td></tr>
</table>

참고로, 3배수 ETF 절반을 1배수로 바꾸지 않고 현금화하여 대폭락 때까지 기다린 후에 3배수 ETF를 재매수하는 전략을 구사하면 79배 정도의 수익률을 기록한다. 하지만 3배수 ETF 절반을 1배수로 전환하여 대폭락을 그대로 맞는 전략과 비교해서 큰 차이가 나지 않는다. 1배수로 전환하여 대폭락(-39% 하락)을 맞더라도, 1배수로 보유했던 기간에 수익률을 잃는 정도의 손실만 내기 때문이다. 현금으로 보유하고 있으면 대폭락 하락 충격은 맞지 않지만, 대폭락 전에 얻을 수 있는 1배수 수익률도 없다.

대폭락을 예측할 수 없다는 가정에서 응용 전략 ③ 1배수 주식 투자를 기본 전략으로 한다. 대신 보유한 1배수 상품을 추종하는 3배수 ETF가 30% 하락할 때마다 1배수 주식을 팔아서 3배수를 저점에서 사고, 전고점을 회복하면 다시 1배수로 바꿔서 투자한다. 예를 들어, S&P500 지수를 추종하는 1배수 ETF 투자를 기본 전략으로 한다. S&P500 지수를 추종하는 1배수 ETF가 10% 하락하면, S&P500 지수를 추종하는 3배수 ETF는 30% 하락한다. 이때 1배수 ETF를 팔고 3배수 ETF를 저점에서 매수한다. 3배수 ETF가 전고점을 회복하면(수익률 43% 달성) 전량을 팔아 S&P500 지수를 추종하는 1배수 ETF로 교체한다. 이런 패턴을 10년 동안 반복한다. 다음 그림은 이런 응용 전략이 1년에 1번 정도 성공한다는 전제 하에서 수익률 곡선과 연간 시뮬레이션 표이다.

3배수 ETF 대폭락을 예측할 수 없을 때 수익률 곡선

1배수 투자를 기본 전략으로 하고, 3배수 ETF가 30% 하락할 때마다 1배수를 팔아
3배수 ETF를 사서 전고점 회복 때 매도하고 1배수 투자로 되돌아 가는 전략

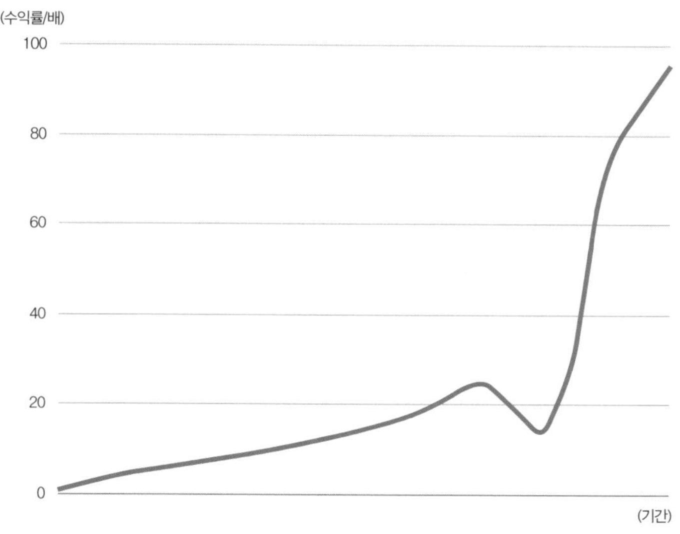

	1년	2년	3년	4년	5년	6년	7년	8년	9년	10년
3 ETF 수익률	400.00%	30%	30%	30%	30%	30%	30%	-39%	400%	30%
1.00	0.50	6.50	8.45	10.99	14.28	18.56	24.13	14.72	73.61	95.69

이런 복잡한 전략 이외에도 간단한 전략도 있다. 3배수 ETF를 매달 적립식으로 사는 것이다. 예를 들어, 최초 1년에 1억 원이라는 종잣돈을 전부 투자하지 못한다면 매달 84만 원씩 10년 동안 3배수 ETF를 계속 사 모으는 전략이다. 다음 그림은 이런 응용 전략 하에서 수익률 곡선과 연간 시뮬레이션 표이다. 10년 수익률은 10배 정도로 낮게 형성된다.

3배수 ETF 대폭락을 예측할 수 없을 때 수익률 곡선

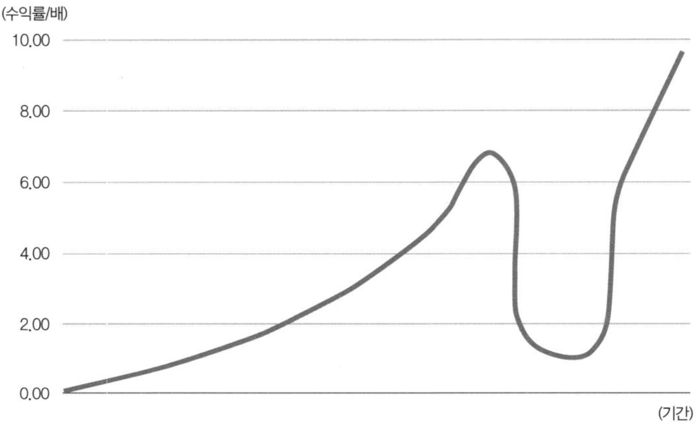

	1년	2년	3년	4년	5년	6년	7년	8년	9년	10년
3 ETF 수익률	400.00%	60%	60%	36%	36%	36%	36%	-84%	400%	60%
0.10	0.50	0.96	1.70	2.44	3.46	4.84	6.72	1.09	5.95	9.69

역시, 주식시장에 투자할 때는 초기에 종잣돈을 많이 넣을수록 더 강력한 복리 효과를 얻는다는 것을 알 수 있다. 하지만 10배의 수익률이라도 1배수 주식에 투자하는 것보다는 좋은 수익률이라고 생각한다. 매달 적립식으로 3배수 ETF를 10년간 꾸준히 매수하는 전략을 구사할 때, 수익률을 추가로 높이는 방법도 있다. 필자가 앞에서 설명했던 매년 2구간에 일어나는 조정 시기, 연준의 긴축 단계마다 일어나는 기술적 조정기 등을 매수 타이밍으로 삼으면 수익률을 두 배로 끌어올릴 수 있다. 다음 그림은 이런 응용 전략 하에서 수익률 곡선과 연간 시뮬레이션

표이다. 이외에도 3배수 ETF 투자 전략을 만드는 것은 다양하다. 필자가 지금까지 소개해 준 다양한 전략들을 기초로 독자만의 창의적 전략을 만들기 바란다. 독자들이 3배수 ETF 투자 전략을 어떻게 구성하든 상관없이, 3배수 ETF에 장기투자하면 높은 수익률을 기록할 수 있다. 그리고 단타로 6:4의 승률을 기록하는 것보다 대폭락을 피하는 것이 더 쉽고, 3배수 ETF가 80~90% 폭락해도 3배수 ETF에 장기투자하는 전략을 구사하면 전 재산을 잃을 확률은 매우 낮다. 오히려 3배수 ETF 장기투자는 개인투자자에게 강력한 수익률을 안겨 준다.

3배수 ETF 대폭락을 예측할 수 없을 때 수익률 곡선

매달 3배수 ETF를 적립식으로 사면서 대폭락을 그대로 맞는다
+ 2구간 조정기, 긴축 조정기를 역이용

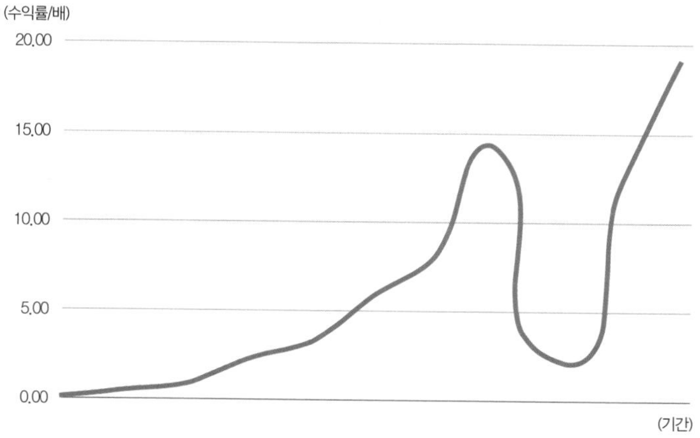

	1년	2년	3년	4년	5년	6년	7년	8년	9년	10년
3 ETF 수익률	400.00%	60%	120%	36%	72%	36%	72%	-84%	400%	60%
0.10	0.50	0.96	2.33	3.31	5.86	8.11	14.12	2.27	11.87	19.16

읽을거리

ETF 추적오차

ETF 추적오차란 무엇일까? 추적오차에 대한 정의는 학계와 현장에서 추적편차, 추적오차율 등 여러 용어와 혼재되어 사용된다. 하지만 ETF의 NAV 수익률(주식, 현금, 배당, 이자소득 등을 포함)과 추적대상 지수 수익률의 차이로 정의하는 것이 가장 쉽다.[10] 즉, 증권바스켓에 담긴 포트폴리오 수익에서 실제 금액을 뺀 값이다. 참고로, 주식시장에서 거래가 진행되는 순간에 실시간으로 공시되는 것은 추정순자산가치다. 주식시장 종료 후 사무관리회사가 순자산가치(NAV)를 산출하고, 기준가격을 지정참가회사 및 거래소에 공시한다. 추정 NAV는 전날 공표된 자산구성내역(PDF) 등을 기초로 실시간 공시되고, 시장가격이 순자산가치에 수렴하도록 유도하는 역할을 한다. ETF의 신뢰도를 평가할 때, 추적오차는 중요한 기준이다. 추적오차가 작을수록 신뢰도는 높아진다. 시장이 강세일 때에는 추적오차가 작고, 2008년 금융위기처럼 급작스러운 시장 붕괴가 발생하거나 약세일 때에는 추적오차가 크다. 또한 현물 복제 방법을 이용한 ETF가 합성복제를 사용하는 ETF보다 추적오차가 크다. 합성복제 ETF는 스와프를 통해 특정 인덱스를 추적한다. 스와프란 은행 또는 기타 기관이 ETF가 추적하는 인덱스 수익률을 별도 자산군의 수익률에 대한 교환(스와프)으로 제공한다는 약속 이

---

10 윤주영, 박주일, 「ETF의 액티브 리스크와 추적오차: KOSPI200 ETF의 일별 PDF를 통한 검증」, 5.

행이다. 하지만 합성복제펀드에 투자하는 투자자들은 스와프거래를 하는 상대가 해당 인덱스 수익률을 제공하지 못할 위험을 갖는다. 이런 위험을 해지하기 위해서 합성복제 ETF는 펀드 스와프 비중에 대해 담보를 설정하고, 위험에 대한 보상으로 현물 복제 인덱스보다 낮은 추적오차와 낮은 보수를 제공한다.[11]

ETF 추적오차가 발생하는 이유는 몇 가지가 있다. 첫째, 복제 방법 때문이다. 미국법에는 ETF를 만들 때 포트폴리오 안에 한 주식이나 상품이 25%를 넘지 못하도록 규정하고 있다. 이 규정 때문에 가격을 완벽히 맞추기 위해 한 종목이 25% 이상의 비중을 차지하는 지수를 복제할 때 추적오차가 생길 가능성이 커진다. 더불어 ETF 간의 추적 지수 복제 방식이 다르기 때문에 추적오차와 액티브 리스크(Active Risk) 차이가 발생한다. 액티브 리스크란 포트폴리오 특성 측면에서 ETF가 추적지수에 비하여 괴리된 정도다. 하지만 표본 기간을 분할하였을 때 추적오차와 액티브 리스크는 서서히 감소한다. 즉, 시간이 갈수록 더욱 완전 복제(full replication)에 가까운 전략을 택하고 있다는 뜻이다.[12] 둘째, 증권대여 때문이다. 증권대여는 펀드를 구성하는 기초 보유종목을 일정 기간 동안 다른 시장 참여자에게 빌려주고 일정 시점에 되돌려 받는 것이다. 증권대여는 몇 십 년 동안 지속된 투자 관행이다. 시장 참여자들이 공매도 포지션을 취하기 위해 펀드매니저

---

11 hk.morningstar.com/kr/articles/view.aspx?id=5946

12 윤주영, 박주일, 「ETF의 액티브 리스크와 추적오차: KOSPI200 ETF의 일별 PDF를 통한 검증」, 3.

에게 증권대여(주식을 빌리는) 과정에서 발생하는 이자 비용도 추적오차를 만든다. 셋째, 종목교체를 하는 과정에서 발생하는 거래비용, 운용보수 등도 추적오차를 만든다.

ETF 운용 능력은 추적오차를 얼마나 줄이는지와 직결된다. 그렇다면, 추적오차가 커지는 이유는 무엇일까? 몇 가지 이유를 들 수 있다. 일단, 몇몇 연구결과에 의하면 ETF의 업력이 추적오차에 미치는 영향은 유의미하지 않았다. 대신 액티브 리스크(괴리율)가 추적오차에 미치는 영향을 분석해 보면 소형주로 치우칠수록, PDF(Portfolio Deposit File) 내에 담긴 주식 종목수가 작을수록, 보유 현금 비중이 높을수록 액티브 리스크(괴리율)가 추적오차 증가에 미치는 영향이 크다. 또한 ETF의 규모도 추적오차에 영향을 미친다. 규모가 클수록 추적오차가 유의미하게 감소한다. ETF 규모가 클수록 '규모의 경제 효과'가 발생하면서 운용 효율성이 증대하고 비용이 감소하기 때문이다.[13] 참고로, 다음은 추적오차를 구하는 공식이다.

[기본 공식]

$$\text{Tracking error} = \text{stdev}(R_{fund} - R_{index})$$

13 윤주영, 박주일, 「ETF의 액티브 리스크와 추적오차: KOSPI200 ETF의 일별 PDF를 통한 검증」, 1.

최근에는 이 기본 공식과 더불어 구체적으로 비중을 평가하는 공식이 각광을 받고 있다. 일명, Active Share 개념이다.

$$\text{Active share} = \left(\frac{1}{2}\right)\sum_{i=0}^{N} \left| \mathbf{w}_{fund,\, i} - w_{index,\, i} \right|$$

이 공식에서 $\mathbf{w}_{fund,\, i}$ 는 펀드 포트폴리에 담긴 주식의 비중이고, $w_{index,\, i}$는 목표지수 주식의 비중이다. 전체 합을 계산하면, 펀드 포트폴리오가 펀드 목표지수와 얼마나 다른 지를 찾을 수 있다. 이 개념을 도입하면 주식의 무게를 고려하지 않은 추적오차 공식보다 더 명확하게 평가할 수 있다.

제7장
3배수 투자, 무조건 1등을 선택하라

주식 장기투자의 대전제는 "시간이 갈수록 주식가격은 우상향으로 상승한다"이다. 하지만 이 대전제에도 두 가지 의문이 따른다.

"정말 그럴까?"
"그렇다면, 우상향 하는 폭과 속도가 문제 아닌가?"

모든 주식이 장기 우상향 하지 않는다. 필자는 개별 기업은 생존기간이 상대적으로 짧다고 했다. 10~20년마다 장기 우상향 가능성에 대해서 재평가해야 한다. 산업 섹터는 개별 기업보다 생존기간이 길다. 하지만 산업도 호황 사이클과 전성기와 쇠퇴기(사양 산업)가 있다. 그래서 산업 섹터에 장기투자하는 것도 20~30년마다 재평가해야 한다. 장기 우상향 재평가 기간이 가장 긴 것은 국가다. 즉, 종합주가지수다.

3배수 ETF 상품은 추종하는 지수(index)가 어느 정도 폭과 속도로 우상향 하는지가 매우 중요하다. 3배 복리 효과로 상승하는 상품이기 때문에 추종하는 1배수 지수(index)의 폭이 크고 빠를수록 수익률 증가가 강력해진다. 반대로, 추종하는 1배수짜리 지수(index)의 폭이 작고 느릴수록 효과가 떨어진다. 그래서 필자는 장기 우상향 가능 기간을 기준으로 3배수 ETF는 산업 섹터보다 국가 전체 종합주가지수를 추종하는 상품이 더 안전하다고 조언한다. 초보 투자자는 국가 종합주가지수를 추종하는 3배수 ETF 상품에서 시작하는 것이 좋다. 그리고 나름 실력이 쌓이면 산업 섹터로 투자 범위를 확대하는 것이 좋다. 그렇다면, 국가를 선택할 때도 기준이 있을까? 그렇다. 예를 들어, 많은 이들이 중국 종합주가지수를 추종하는 ETF에 투자해도 될지에 대해서 질문을 한다. 필자의 대답은 다음과 같다.

"조금 더 기다렸다가 중국 종합주가지수가 비선형 곡선, 기하급수적 상승 추세를 시작하면 투자하라!"

필자가 이렇게 대답한 이유는 무엇일까? 지금 네이버 검색으로 한국과 미국, 그리고 중국 상하이 종합주가지수를 검색해 보라. 한국 코스피 종합주가지수는 중국 상하이 종합주가지수보다는 좋은 움직임을 보인다. 하지만 미국 종합주가지수보다 비선형 곡선, 기하급수적 상승 추세가 약하다. 오히려 한국은 대략 15~20년 박스권을 횡보하다가 갑자기 계단형으로 상승하고, 다시 오랫동안 박스권을 횡보하다가 계단형으로 상승하는 움직임을 보인다. 3배수 레버리지 ETF는 박스권에 오래 머물면 3배수 침식 효과 때문에 마이너스 수익률을 기록한다. 이런 이유로 미국 주식시장에서 2013년부터 거래되기 시작한 한국 코스피 종합주가지수를 3배수로 추종하는 ETF의 움직임은 박스권에서 벗어나지 못하고 있다.

국가마다 이런 차이가 나는 이유가 무엇일까? 필자가 분석한 결과에 따르면, 두 가지 중요한 기준이 있다. 첫째, 가계의 경제적 역량과 투자 스타일이다. 예를 들어, 가계부채 비율이 높고, 가계의 부동산 투자 비중이 높으며, 주식투자 비중이 낮을 경우에 주식시장 가치가 상대적으로 낮은 상태에 머문다. 둘째, 국가 프리미엄 혹은 국가 디스카운트다. 예를 들어, 전 세계 1위 경제대국인 미국과 유럽에서 경제가 가장 건실하다고 평가받는 독일 같은 나라는 주식시장에서도 1등 프리미엄이 붙는다. 이런 현상은 개별 주식에서도 마찬가지다. 같은 산업분야에서도 1등과 2등의 주가 차이는 크다. 국내 1등과 글로벌 1등도 프리미엄이 다르다. 한국의 경우, 남북 대치 상태 등으로 국가 디스카운트를 당한다. 중국도 미중 무역전쟁으로 국가 디스카운트를 당하고 있다.

다음 그림을 보자. 1984~2021년까지 미국의 국내총생산(GDP)과 종합주가지수 움직임이다. 1984년 미국의 국내총생산(GDP)은 3조 8천억 달러였고, 종합주가지수는 3800포인트였다. 2020~2021년에는 국내총생산(GDP)이 21조 달러를 넘었고, 종합주가지수는 35000포인트를 돌파했다. 국내총생산(GDP)은 4.53배 증가했고, 종합주가지수는 28배 증가한 셈이다. 국내총생산(GDP)과 종합주가지수의 상승률 차이는 6.2배다. 2020~2021년 기준으로 미국의 가계부채는 GDP 대비 80% 수준이다.

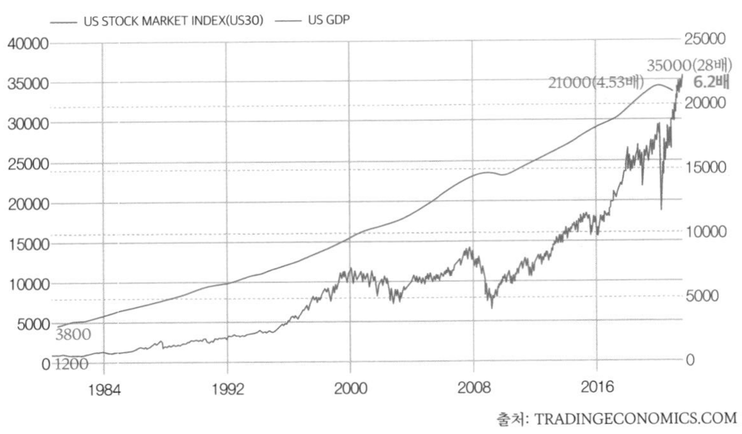

출처: TRADINGECONOMICS.COM

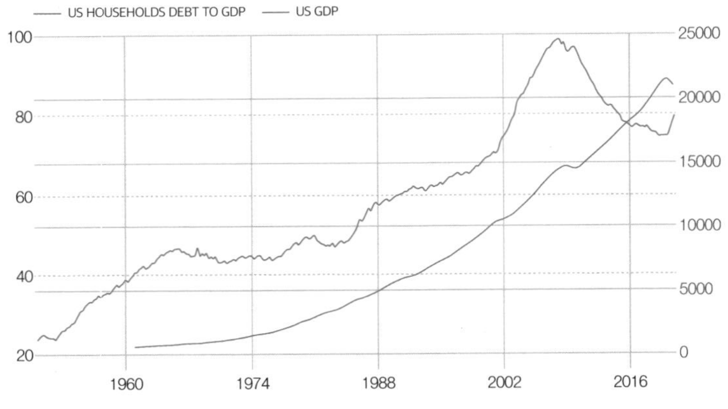

출처: TRADINGECONOMICS.COM

다음 그림은 1984~2021년까지 영국의 국내총생산(GDP)과 종합주가지수 움직임이다. 1984년 영국의 국내총생산(GDP)은 5천억 달러였고, 종합주가지수는 1000포인트였다. 2020~2021년에는 국내총생산(GDP)이 2조 7천억 달러를 넘었고, 종합주가지수는 7000포인트를 돌파했다. 국내총생산(GDP)은 4.4배 증가했고, 종합주가지수는 6배 증가한 셈이다. 국내총생산(GDP)과 종합주가지수의 상승률 차이는 1.36배다. 2020~2021년 기준으로 영국의 가계부채는 GDP 대비 90% 수준이다. 영국의 경우 같은 기간에 국내총생산(GDP) 증가 비율이 미국과 비슷했고, 가계부채도 비슷한 비율이었다. 하지만 같은 기간에 종합주가지수는 미국이 28배 증가했지만, 영국은 6배 증가에 그쳤다. 국내총생산(GDP)과 종합주가지수의 상승률 차이도 미국이 6.2배였지만, 영국은 1.36배에 불과했다. 무엇이 이런 차이를 만들었을까? 필자의 분석으로는 1등 프리미엄 차이와 가계자산에서 주식투자 비중의 차이다. 명실상부, 미국은 전 세계 1등 프리미엄을 받는 국가다. 하지만 영국은 유럽 내에서도 독일에 경제력이 밀린다. 2019년 기준으로 미국 가계의 총자산 대비 주식투자 비중은 25.2%였지만, 영국은 5.5%에 불과했다. 미국은 가계자산 중에서 보험과 연금 비중도 22.4%다. 미국은 연금운용회사들이 주식투자 비중을 높게 가져간다. 미국 가계는 비금융자산(부동산 등) 비중이 28.1%에 불과하지만, 영국은 45.2%로 2배 정도 많다. 영국의 가계자산 투자금이 주식시장에 유입되는 규모가 미국보다 적었다는 말이다.

1984~2021년까지 독일의 국내총생산(GDP)과 종합주가지수 움직임을 보자. 1987년 독일의 국내총생산(GDP)은 1조 3천억 달러였고, 종합주가지수는 1000포인트였다. 2020~2021년에는 국내총생산(GDP)이 3조 8천억 달러를 넘었다. 종합주가지수도 16000포인트를 돌파했다. 국내총생산(GDP)은 1.94배 증가했지만, 종합주가지수는 15배 증가했다. 국내총생산(GDP)와 종합주가지수의 상승률 차이는 7.73배다. 독일의 주식시장 가치가 영국보다 좋은 이유는 독일의 국내총생산(GDP)이 영국보다 1

조 달러 정도 많고, 2020~2021년 기준으로 독일의 가계부채도 GDP 대비 60% 수준으로 영국보다 안정적이다. 그리고 독일 경제는 유럽 최고의 제조업 국가이고 국내총생산(GDP)이 영국과 프랑스보다 크기 때문에 유럽 1등 프리미엄을 받는다. 독일 주식시장이 1등 프리미엄을 받는 것은 프랑스 주식시장과 비교해도 뚜렷하다.

한국의 경우는 어떨까? 1984~2021년까지 한국의 국내총생산(GDP)과 종합주가지수 움직임도 살펴보자. 1984년 무렵, 한국의 국내총생산(GDP)은 850억 달러였고, 종합주가지수는 130포인트였다. 2020~2021년에는 국내총생산(GDP)이 1조 6천억 달러를 넘었고, 종합주가지수는 3300포인트를 돌파했다. 국내총생산(GDP)은 18.4배 증가했고, 종합주가지수는 24.2배 증가한 셈이다. 하지만 국내총생산(GDP)과 종합주가지수의 상승률 차이는 1.33배 차이에 불과했다. 국내총생산(GDP) 증가에 비해서 주식시장 가치 상승이 매우 낮았다는 의미다.

출처: TRADINGECONOMICS.COM

출처: TRADINGECONOMICS.COM

한국 주식시장이 경제성장에 비해서 가치평가를 낮게 받은 이유는 무엇일까? 우선, 한국은 가계부채가 높다. 2020~2021년 기준으로 한국의 가계부채는 GDP 대비 100%를 넘었다. OECD 국가 중에서 매우 높은 편이다. 전체 가계자산에서 비금융자산(부동산 등)의 비중은 64.4%로 매우 높고, 주식투자 비중은 5.4%로 매우 낮다. GDP 대비 토지자산 배율도 OECD 국가 중에서 최고다. 2018년 한국은행 분석에 따르면 OECD 주요 국가의 GDP 대비 토지자산은 호주 2.91배, 영국 2.82배, 프랑스 2.80배, 일본 2.24배, 캐나다 1.88배, 독일 1.49배였다. 이들 6개 국가의 평균치는 2.4배다. 반면, 한국은 4.6배로 가장 낮은 독일(1.49배)보다는 3.1배 높고, 주요 6개국 평균치보다 2배가량 높았다. 가계 투자자산이 부동산 시장으로는 엄청난 규모로 밀려 들어가지만, 주식시장으로는 유입이 적다는 말이다. 여기에 남북 간의 군사대치, 북한의 핵 개발과 잦은 무력도발로 국가 디스카운트까지 받는다.

2019년 각국 전체 가계자산(금융자산+비금융자산) 비중 구성 비교

단위 %

		한국	미국	일본	영국	호주
금융자산	현금 · 예금	15.9	8.7	34.0	13.7	9.0
	금융투자상품	7.7	39.0	9.1	8.6	8.0
	(주식)	5.4	25.2	5.3	5.5	7.6
	(채권)	1.3	4.4	0.9	0.1	0.0
	(펀드)	1.0	9.3	2.9	3.0	0.4
	보험 · 연금	11.7	22.4	17.9	30.6	25.3
	기타	0.2	1.9	1.1	1.9	0.6
비금융자산		64.4	28.1	37.9	45.2	57.0

출처: KOFIA, 2021 주요국 가계 금융자산 비교, 2021.7.5, 공태인

GOP 대비 토지자산 배율

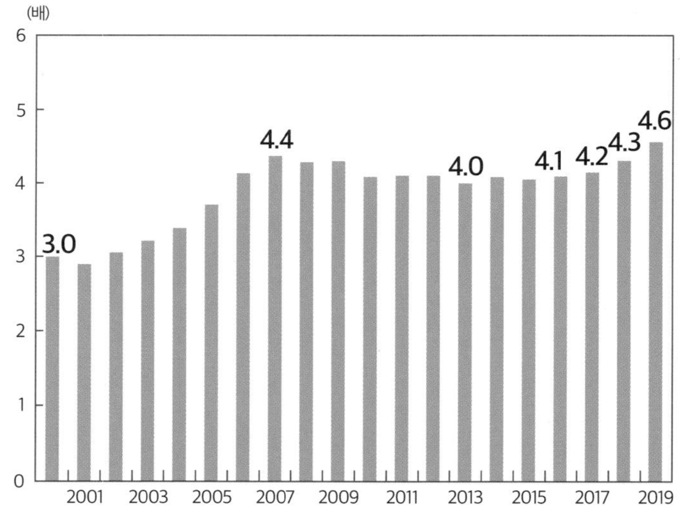

출처: KOFIA, 2021 주요국 가계 금융자산 비교, 2021.7.5, 공태인

토지자산 규모 및 증감률

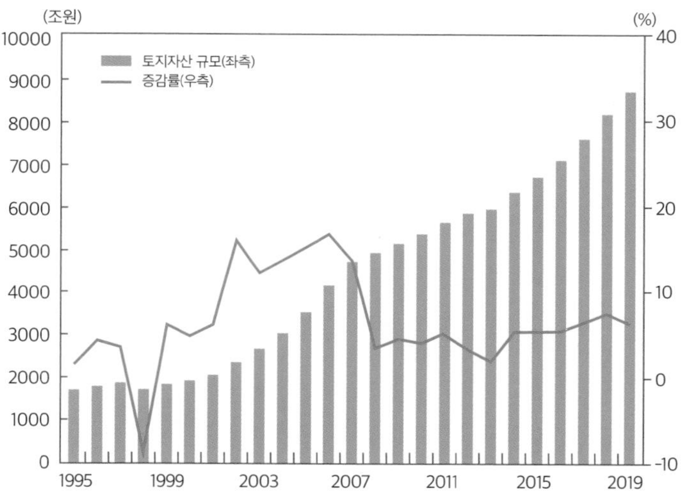

출처: KOFIA, 2021 주요국 가계 금융자산 비교, 2021.7.5, 공태인

위 그림을 보면, 한국도 신흥국 1등 프리미엄이 붙었을 때가 있었다. 1988년 서울 올림픽 전후였다. 1984년 대비 국내총생산(GDP)은 1.59배 증가했지만, 종합주가지수는 6.7배 증가했다. 국내총생산(GDP)과 종합주가지수의 상승률 차이도 6.7배 차이를 냈다. 2020~2021년 미국과 독일 주식시장 수준의 가치평가를 받았다. 하지만 그 이후로는 지속적으로 가치평가가 하락하는 추세로 전환되었다.

필자가 이런 분석을 소개한 이유는 3배수 ETF 투자전략을 짤 때 두 가지를 생각해야 한다는 것을 조언하기 위해서다. 첫째, 국가를 선택할 때도 순서가 있다. 주식시장에 상장된 국가 단위(종합주가지수 추종) 2~3배수 레버리지 ETF 상품은 많지 않아서 선택 고민이 복잡하지 않다. 미국, 중국, 한국, 인도, 신흥국 통합 상품 정도다. 이들 중에서 1순위 선택은 쉽다. 세계 1위 경제 규모를 자랑하는 국가를 선택하면 된다. 개별 기업 투자에서도 국내 1등이나 세계 1등 주식을 선택하는 이치와 같다. 세계 1위 경제 국가는 미국이다. 그래서 3배수 ETF 투자 1순위는 미국이다. 둘째, 국가 투자도 주기적 교체가 필요하다. 단, 국가는 기업이나 산업의 교체 주기보다 길다. 국가 경제규모와 기업들의 경쟁력 향상 추세로 봐서는 전 세계 2위인 중국을 주목해야 할 것 같이 보인다. 맞다. 하지만 문제는 타이밍이다. 중국은 선형 곡선, 선형적 상승 추세 혹은 박스권에서 벗어나서 비선형 곡선, 기하급수적 상승 추세로 전환되는 시점(timing)에 투자를 시작해야 한다. 국가 디스카운트가 해소되는 시점도 고려해야 한다. 중국도 부동산 투자 열풍이 세계 최고 수준이다. 한국처럼, 가계자산의 비중이 주식보다 부동산에 집중되어 있다. 그렇기 때문에 가계자산에서 부동산 투자 비중 증가 속도가 느려지고, 주식투자 비중이 높아지는 시점도 생각해야 한다. 중국 주식시장도 GDP 성장에 비해 주식시장 가치 상승이 매우 낮다. 심지어 한국보다 저평가 되어 있다. 이유는 세 가지다. 첫째, 2008년 북경올림픽 이후 버블 붕괴 충격에서 벗어나는 기간이 필요했다. 둘째, 미중 무역전쟁 여파다. 2008년 버블 붕괴의 충격에서 벗어나서 재상승을 시작하려는 순간 미중 무역전쟁에 휩쓸리면서 국가 디스카운트 덫에 빠져서 주가 상승에 발목이 붙잡혔다. 셋째, GDP 대비 가계부채 증가율이 무섭게 오르고 있다. 부동산 가격이 상승하면서 일어난 현상이다. 중국인의 부동산 사랑은 한국보다 더 높다. 그만큼 주식시장 관심은 떨어진다.

참고로, 신흥국 프리미엄이 너무 과대한 나라는 앞으로 조심해야 한다. 예를 들어, 멕시코와 인도다. 이들 두 나라는 경제성장이 빠르다. 가계부채 비중도 매우 낮다. 가계자산이 부동산으로 흘러들어가는 비중은 낮고, 주식시장에 가계자금 유입이 상대적으로 높다는 말이다. 그래서 주식시장 가치 상승이 빨랐다. 하지만 이런 긍정적 요소를 고려하더라도 경제성장 규모에 비해 주식시장 가치평가에 버블이 크다. 언젠가는 큰 조정을 받을 가능성이 높다는 의미다. 혹은 전 세계 주식시장이 대폭락을 맞을 때에 상대적으로 매우 큰 조정을 받을 가능성이 높다는 말이다.

정리해 보자. 특정 국가의 종합주가지수를 추종하는 ETF 상품을 선택할 때는 나라를 잘 고르는 것이 필요하다. 우상향을 꾸준히 하는 나라(미국), 우상향이 느린 국가(한국), 우상향을 멈춘 국가(일본), 몇 가지 조건들이 해소되어야 우상향을 재개할 나라(중국), 매우 위험한 우상향을 하는 나라(멕시코, 인도) 등을 구별하여 투자 순서와 투자 타이밍, 그리고 투자 주기 교체 등을 정해야 한다.

읽을거리

ETF 상장폐지를 예측할 수 있는 척도

ETF가 상장폐지될 가능성을 예측할 수 있는 척도는 크게 세 가지다.

첫째, ETF 스폰서의 역량 평가다. ETF가 상장폐지될 가능성을 예측하는 가장 간단한 방법은 해당 ETF 스폰서가 과거에 ETF를 상장한 후 얼마나 오래 유지했는지를 살피는 방법이다.

둘째, 자산 평가다. ETF.com에 의하면, 자산이 최소한 5천만 달러를 넘어야 상장폐지 위험이 낮다고 평가한다. 뱅가드(Vanguard)사의 경우는 3천만 달러를 위험 한계선으로 잡는다. ETF를 안정적으로 유지하기 위해서는 발행자가 추적오차를 안전하게 맞춰야 한다. 이 문제를 해결하기 위해서 도입된 것이 '차익거래(Arbitrage)'다. 차익거래자들은 추적오차를 줄이기 위해 허가받은 기관참여자(시장조성자)가 해당 ETF의 지수의 실제가격(NAV)과 거래가격 간의 차이가 발생하는 부분에서 이익을 얻게 유도한다. 만약, ETF 가격이 해당 지수보다 높을 때 차익거래자는 ETF 스폰서로부터 해당 ETF를 받아 일반시장(유통시장)에 팔아 수익을 내서 가격을 맞춘다. 반대로, ETF 가격이 해당 지표보다 낮을 때 차익거래자는 ETF 스폰서(주로 펀드매니저)로부터 낮은 가격만큼 5만 주 이상을 사서 유통시장에 내다 팔아 가격을 맞추고 난 후 ETF 스폰서에게 나머지를 현물로 상환 받는다. 이런 방식을 사용하면 차익거래자는 어느 경우에도 리스크를 안지 않는다. 또한 이 구조에서는 허가받은 기관참여자들이 주식을 만들어 파는 과정을 거치기 때문에 ETF 스폰서는 자신의 자산을 팔지 않아도 된다. 또한 이 과정에서 발생하는 수익에 대해서 세금을 내지 않아도 된다. 이처럼 가격 위험을 유통시장(일반 주식거래가 가능한 시장)에서 해결하게 하는 구조를 가지고 있기 때문에 ETF 거래 볼륨(liquidity, 유동성)은 상장 지속 여부의 중요한 척도가 된다.

셋째, 펀드 등급 평가다. 같은 종류의 ETF라도 등급이 있다. 결과적으로 ETF 스폰서사의 신뢰도가 낮고, ETF 자산이 적으며, ETF 등급이 낮을수록 리스크가 높다.

제8장
3배수 투자, 이런 섹터는 피해라

산업 섹터 단위에서 3배수 ETF 상품을 투자할 때도 조심해야 할 것이 있다. 미국 종합주가지수가 꾸준히 우상향 하더라도 하위 산업 섹터들 중에서는 앞으로도 우상향을 꾸준히 할 가능성이 높은 섹터, 우상향이 느리게 진행될 섹터, 몇 가지 조건들이 해소되어야 우상향을 재개할 섹터(계단형 우상향 패턴), 우상향을 멈추고 하락할 가능성이 높은 섹터 등으로 구분이 된다. 예를 들면, 2020년처럼 대폭락이 발생하고 반등을 시작하면 모든 산업 섹터 ETF가 상승한다. 하지만 일정한 수준까지 반등을 한 이후인 2021년에는 산업 섹터별로 희비가 엇갈렸다. 어떤 산업은 박스권에 오래 머물렀고, 어떤 산업은 주가가 정점을 찍고 계속해서 하락했다. 대폭락 후 기술적 반등이 끝나면, 지속적으로 우상향 가능성이 낮은 산업 섹터를 추종하는 3배수 ETF 상품에 대한 투자 비중을 줄여야 한다. 다음은 필자가 기술적 반등이 끝난 후부터 조심해야 한다고 조언했던 3배수 ETF 상품들의 실례다.

꾸준히 우상향하는 S&P500 종합주가지수를 추종하는 3배수 ETF

출처: www.robinhood.com

우상향 패턴에 대한 데이터가 부족한 3배수 ETF

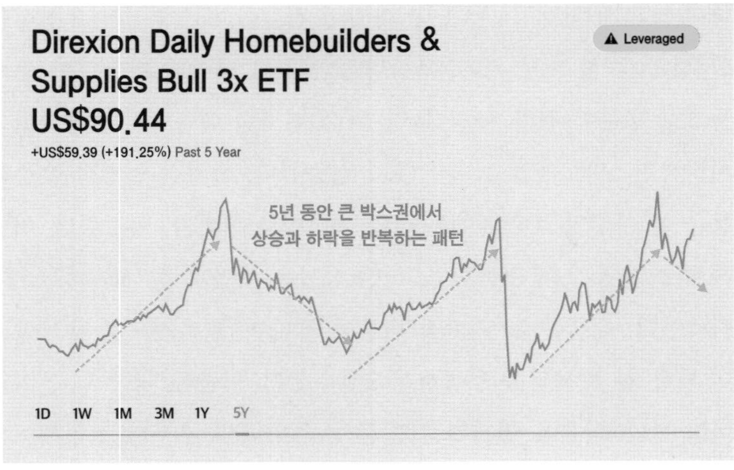

출처: www.robinhood.com

모멘텀 의존성 높아서, 모멘텀이 끝나면 하락하는 3배수 ETF

바이오 의료산업은 경제 주기와 상관없이 신약 개발에 성공해야 주식가격이 한 단계 상승한다. 그전까지는 주식가격이 일정한 수준에서 보합권을 유지한다. 백신처럼 제한된 기간에만 사용되는 제품을 개발하면 전염병 기간이 끝나면 수익성이 떨어져서 주가는 전염병 이전 가격으로 복귀한다.

출처: www.robinhood.com

산업 쇠퇴기 진입으로 단기적으로는 우상향 하고 있지만, 장기적으로는 불확실성이 높은 3배수 ETF

출처: www.robinhood.com

산업 쇠퇴기 진입으로 단기적으로는 우상향 하고 있지만, 장기적으로 불확실성 높은 3배수 ETF

출처: www.robinhood.com

필자가 3배수 ETF 투자에서 조심하라고 조언하는 상품이 또 있다. 주가 하락에 배팅하는 리버스 3배수 ETF 상품이다. 이 상품은 7~10년에 한 번 정도 일어나는 대폭락 시점을 제외하고는 투자하지 말 것을 조언한다. 다음 그림에서 보듯 리버스 상품은 기술적 조정, 대조정, 대폭락 시점에만 크게 상승하고 지속적으로 우하향 한다. 세 번의 조정 국면 중에서 기술적 조정과 대조정은 예측하기도 매우 어렵고, 주가가 하락하더라도 빠르게 회복되어 리버스 상품의 매도 시점을 잡기 힘들다. 기술적 조정과 대조정을 운 좋게 예측했더라도 좋은 수익률을 올릴 기회가 적다. 자칫 잘못하면 일시적으로 낮은 수익률만 기록하고 곧바로 손실 구간으로 진입하는 빛 좋은 개살구가 될 가능성이 매우 높다. 이런 상품에 물려서 손실을 보았다면 곧바로 매도해야 한다. 다음 그림에서 보듯이 리버스 상품은 장기적으로 계속 우하향 한다. '존버' 할수록 손실이 커지는 상품이다. 이미 2020년 3월 이후 일명 '곱버스' ETF에 투자해 큰 손실을 본 개인들은 잘 알 것이다. 리버스 3배수 ETF 상품만큼 조심해야 할 3배수 ETF 상품이 있다. 거래 대금이 상대적으로 적은 상품들이다. 이런 상품들은 투자자 이탈이 커지면서 거래 대금이 급감하면 상장폐지 될 가능성이 높다. 같은 지수를 추종하더라도 거래 대금과 시총 규모가 높은 상품을 선택하라.

주가 하락에 배팅하는 리버스 3배수 ETF는 대폭락 단 한 번을 제외하고는 투자하지 말 것을 조언한다

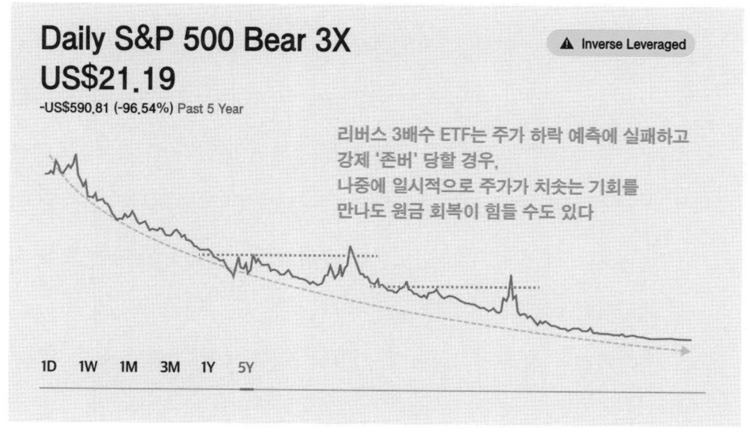

출처: www.robinhood.com

읽을거리

단기 기술적 조정과 리세션에 대처하는 법

3배수 ETF 투자자는 단기 기술적 조정과 리세션(경기침체)을 어떻게 대처해야 할까? 기술적 조정(technical correction)이란 광범위한 주가 상승이 있은 후 주가가 증시에 발생하는 일시적인 가격하락이다. 코로나19 팬데믹이나 부동산 버블 붕괴처럼 특정한 위기 사건이 발생해서 일어난 하락이 아니다. 대세 상승 구간에서 잠시 숨 고르기를 하면서 일어나는 일시적으로 일어나는 작은 조정이다. 사실, 기술적 조정을 발생시키는 정해진 원인은 없다. 특정 대형주의 액면분할 실제 시행, 옵션 거래 처리, 유상증자 마무리 등의 사건이 일어날 때 기술적 조정이 겹쳐서 일어나기도 한다. 하지만 그동안 얻은 수익을 실현하면서 주식과 채권 간 포트폴리오 조정을 한다는 것이 대체적인 이유다. 문제 사건 발생이 없었기에 정부나 중앙은행의 추가 해법 등장이 필요 없다. 투자자 공포감만 누그러지면 하락을 멈추고 반등을 시작한다. 기술적 조정을 발생시키는 사건도 정확한 발생 시점을 예측하기 어렵다. 단기간에 일어나기 때문이다. 대신, 발생하면 어느 정도 하락할지는 예측이 가능하다. 기술적 조정은 대체적으로 1배수 주식 기준으로 고점 대비 10~15% 정도 조정을 받는다. 3배수 ETF 상품으로는 고점 대비 30~45% 정도 조정을 받는다.

3배수 ETF 투자자 입장에서 이런 기술적 조정은 어떻게 대응해야 할까? 필자의 경험으로는 기술적 조정으로 발생하는 하락분은 그냥 맞는 것이 낫다. 미래 신호나 발생하는 패턴이 정해져 있지 않기 때문에, 기술적 조정 자체를 예측해서 피하기는 힘들다. 기술적 조정 초기에는 장중 뜻하지 않게 발생하는 급락(장중 1~2% 내외 급락)이나 기대감 상실(혹은 기대감 후퇴)로 2~3일 동안 3~5% 하락하는 현상과 구분하기도 힘들다. 기술적 조정이라고 판단해서 매도했다가, 기대감 상실로 인한 약간의 조정만으로 그쳐서 그다음 날 곧바로 반등하는 경우도 있다. 아차 싶어서, 다음날 재매수를 하려고 해도 장 시작 전에 이미 선물과 프리마켓에서 상당량 반등하면 전날 하락분을 회복할 기회가 사라져 버릴 수도 있다. 대표적인 실례가 2020년 10월 6일 오후장에 트럼프 대통령이 추가 부양책 협상 철회 트위터를 날리자 다우와 나스닥 종합지수가 순식간에 2% 가까이 하락했다. 하지만 트럼프 대통령이 당일 저녁에 트위터로 부분 협상 가능성을 다시 거론하자 저녁 선물 시장에서부터 1%가량 급상승한 채로 다음 날 장이 시작되고 곧바로 어제 하락분을 모두 상쇄하고 추가 상승해 버렸다. 그대로 보유하고 있었으면 손해를 보지 않았겠지만, 기술적 조정이라고 판단하고 매도했다면 손실을 보고만 상황이었다. 3배수 ETF 상품처럼 변동폭이 3배로 움직이는 경우에는 손실이 더 커진다. 초보 투자자에게는 기술적 조정을 이용해서 3배수 ETF 상품을 사고팔고를 반복하는 행위는 큰 손실만 불러올 가능성이 높다. 그리고 1배수 주식 기준으로 고점 대비 10~15% 정도 조정을 받는 기술적 조정은 1년에도 몇 번씩 발생한다. 즉, 3배수 ETF 상품으로는 고점 대비 30~45% 정도 조정을 받는 상황은 1년에도 수차례 발생한다. 그때마다 손해를 반복하면 3배수 ETF 상품 투자 전략 전체가 꼬이게 된다. 기술적 조정이 발생해서 3배수 ETF 상품으로는 고점 대비 30~45% 정도 조정을

받는 상황은 '당연한 일'로 여기라는 의미다.

3배수 ETF 투자자가 기술적 조정에 대응을 하지 않고, 그대로 보유하면서 충격을 맞아도 되는 또 다른 이유가 있다. 기술적 조정은 대략 1~3개월 안에 하락분을 모두 회복하기 때문이다. 3배수 ETF 투자자 입장에서 기술적 조정을 미리 대비해서 팔고 저점에서 다시 사는 전략보다는 고점 대비 10~15% 정도 하락하는 기술적 조정이 일어나면 차분히 기다렸다가 (추가로 보유하고 있는 현금을 동원해서) 하락점에서 반등하는 주식을 추가 매수하는 기회로 삼는 전략을 구사해야 한다.

3배수 ETF 투자자 입장에서 대폭락 후 주식시장이 반등에 성공한 후 발생하는 리세션(경기침체)은 어느 정도 대처할 수 있는 여지가 있다. 리세션은 주식시장 대폭락을 기준으로 크게 세 가지 시점에 발생한다. 첫째, 대폭락과 동시에 발생한다. 이런 리세션은 대폭락이 곧 리세션이다. 둘째, 대폭락 이전에 발생한다. 이런 리세션은 대폭락을 촉발하는 리세션이다. 셋째, 대폭락 후 어느 정도 주가 회복이 진행되고 후행하는 리세션이다. 이런 리세션은 대폭락 후 주가가 매우 급하게 회복된 경우에 일정 시간 동안 주가와 기업의 펀더멘털 사이에 만들어진 높은 괴리율을 조정하는 과정에서 발생한다. 혹은 중앙은행이 양적완화를 끝내고 긴축을 시작하는 초기에 발생한다. 세 번째 부류에서 일어나는 리세션은 주가 밸류에이션 조정이 서서히 이뤄지는 시점이기 때문에 기업 실적이 좋은 주식은 추가로 상승하거나 주가를 유지하고, 기업 실적이 양호하지 않다면 주가가 하락한다. 이런 과정은 급격하게 일어나지 않는다. 각종 지표들이 발표될 때마다 서서히 일어난다. 이 시점이 되면, 3배수 ETF 투자자는 당시의 경제 상황과 각종 지표와 미래 신호들을 꼼꼼히 보면서 포트폴리오 조정을 하면 된다. 혹은 최악의 경우에는 리세션을 그대로 맞으면서, 6~12개월 후 재반등을 기다리면 된다.

제9장
코로나19 이후, 비이성적 버블과 대붕괴

주식시장은 미래 가치를 먹고산다. 미래 가치에 과도한 기대감이 포함되는 것은 자연스러운 일이다. 미래 가치에 대한 과한 기대감이 형성되면 주식가격이 비이성적으로 상승한다. 버블 현상이다. 필자가 미국의 지난 100년간 주식시장을 분석한 결과 10년마다 평균 3배 내외 상승폭을 보였다(1960~1980년, 2000~2010년 기간 제외). 하지만 같은 기간 미국 국내총생산(GDP)은 평균 2배 내외 상승폭을 보였다. 결국 평균 1배 정도가 기업 실적을 넘어선 과도한 미래 기대감이 만들어낸 버블 가격이다. 이런 버블 가격은 대조정이나 대폭락 사건을 통해 해소된다. 다음 그림은 1980년대 미국 국내총생산(GDP)과 다우 지수의 상승 움직임이다. 주식 가치가 국내총생산(GDP)의 상승 추세를 넘어서 버블 가격이 만들어졌지만, 35% 정도 대폭락을 맞으면서 정상가격으로 회귀한 후 재상승하는 모습을 보였다.

버블 가격 패턴, 1980~1990년 미국 GDP와 다우 지수 추이

출처: TRADINGECONOMICS.COM

이런 정상적인 패턴에서 벗어나서 시장이 극단적으로 비이성적 움직임에 빠지는 경우도 있다. '극단적인 비이성적 버블 형성기'다. 미국 주식시장 100년 역사에서 극단적 비이성적 버블이 형성된 것은 단 2번이다. 다우 지수에서는 대공황 때이고, 나스닥에서는 닷컴 버블기 때다. 3배수 ETF 상품에 투자하는 사람이라면 '극단적인 비이성적 버블기' 때 나타나는 주가 움직임의 특성을 알아 둘 필요가 있다. '3배수 ETF의 최대 낙폭 위험' 때문이다. 필자가 앞에서 3배수 ETF 상품의 'MDD 위험'에 대해서 자세하게 설명을 했다. 단 한 가지 가능성을 제외하고는 그 어떤 폭락 규모가 일어나도 3배수 ETF 상품에 투자에서 전 재산을 잃을 가능성은 없다고 분석했다. 다만, 3배수 ETF 상품이 보여주는 엄청난 숫자의 하락폭 때문에 심리적 충격이 크고 착시 효과로 원금 회복에 대한 막연한 미래 불안이 커질 뿐이라고 했다. 그리고 필자가 인정한 단 한 가지 위험 상황인 대공황이나 닷컴 버블 붕괴가 재현되어 3배수 ETF 상품의 99.96% 손실 가능성이 발생하더라도 전 재산을 잃거나 원금 회복에

13~24년이 소요되는 일은 '이론적' 가능성이고, '실제로'는 일어날 가능성이 매우 낮다고 했다.

그럼에도 불구하고, 필자가 이번 장에서 대공황이나 닷컴 버블기 때처럼 '극단적인 비이성적 버블 형성기'에 나타나는 주가 움직임의 특성을 알아 둘 필요가 있다고 조언하는 데는 두 가지 이유가 있다. 첫째, 나스닥에서 닷컴 버블기와 같은 상황이 재현 가능하기 때문이다. (앞에서도 예측했지만) 다우 지수에서 1929년 대공황 때와 같이 2년 10개월 동안 88% 대폭락하는 상황이 재현될 가능성은 제로에 가깝다. 필자는 "만약 다우 지수에서 대공황 때와 같은 88% 대폭락이 재현되면 미국 경제가 망한 상황 뿐이다"라고 했다. 둘째, 나스닥 시장에서는 몇 가지 조건만 형성되면 2년 6개월 동안 81% 대폭락했던 닷컴 버블기의 재현이 가능하다. 따라서 그것은 대비해야 할 미래다. 대비하는 투자자에게는 이런 수준의 대폭락은 수십 년 만에 한 번 오는 자산 증식의 최대 기회이기 때문이다. 그러면 필자가 분석한 나스닥 시장에서 '극단적인 비이성적 버블기'에 나타나는 주가 움직임의 핵심 특성을 간략하게 살펴보자. 핵심 특징은 10가지다.

첫째, 버블 최정점을 기준으로 역추산하여 나스닥 종합주가지수는 10년 동안 20배 정도 상승했다. 미래 산업이나 기술에 집중하는 특성을 가진 나스닥 시장은 주식가격에 대한 미래 기대감도 전통 산업(다우 지수)보다 몇 배 높기 때문에 다우 종합주가지수에서 일어나는 극단적인 비이성적 버블 규모를 월등히 추월한다. 1929년 대공황기에 다우 지수에서 나타났던 극단적인 비이성적 버블 규모는 10년 동안 4.7배에 불과했다.

둘째, '극단적인 비이성적 버블' 형성은 미국 주식시장의 10년마다 평균 3배 전후로 상승하는 수준을 넘어서서 버블 해소가 되지 않을 경우에 발생한다. 다음 그림을 보면, 1990~1996년까지 7년 동안 나스닥 종합주가지수는 3배 정도 상승해서 평균치에 도달했다. 하지만 버블 해소가 일어나지 않고 추가로 4년 정도를 더 상승했다. 바로 그 4년이 '극단적인 비이성적 버블 가격 형성기'였다.

셋째, 극단적인 비이성적 버블 가격이 형성되면 '시각적'으로도 매우 극단적인 기하급수적 성장 곡선이 만들어진다. 다음 그림을 보면, 1996~2000년까지 4년 동안 7배 정도 추가 상승하면서 매우 극단적인 기하급수적 성장 곡선이 만들어졌다.

넷째, 버블이 붕괴하면 본격적으로 극단적 비이성적 버블이 형성되기 시작한 시점 부근까지 대폭락이 일어난다.

다섯째, '극단적인 비이성적 버블'이 해소되는 데는 2년이 넘는 시간이 소요된다. 버블 해소 기간도 극단적인 비이성적 시간이 걸리는 셈이다.

여섯째, 대폭락이 완료된 후에 최저점 기준에서 1년 동안 주가 반등폭이 57%에 이르렀지만 대폭락 이전의 최고점과는 엄청난 차이를 보인다.

일곱째, '극단적인 비이성적 버블기'에 만들어진 최고점을 회복하는 데는 15~20년 정도가 걸린다. 이렇게 오랜 시간이 걸리는 것은 이유가 있다. '극단적인 비이성적 버블기'에 만들어진 최고점이 본래는 10년 동안 3배 내외로 버블이 만들어지고 자연스러운 버블 조정기를 거치고 다시 10년 동안 3배 내외로 버블이 만들어지는 패턴이 2번 정도 반복되어야 도달하는 주가이기 때문이다. 이런 패턴이 2번 정도 반복되는 시간은 대략 15~20년 정도 걸린다. 주식시장도 일시적으로는 패턴을 벗어나는 움직임을 보이지만, 결국에는 내재하는 이치와 패턴으로 수렴하는 셈이다.

여덟째, 나스닥에서 대폭락이 발생하면 다우 지수는 상대적으로 충격이 작지만 주가가 하락하고 회복되는 기간은 나스닥과 비슷하다. 나스닥 시장에서 버블 붕괴와 기업 파산이 미국 전체 산업의 붕괴는 아니지만 시장 심리와 경제 분위기는 공유하기 때문이다.

아홉째, 나스닥 종합주가지수의 폭락 규모가 다우 지수 폭락 규모보다 크기 때문에, 최저점에서 반등하는 수치는 나스닥 종합주가지수가 다우 지수보다 높다. 즉, 대폭락 피해를 최소화하는 것은 나스닥보다 다우 지수가 유리하다. 하지만 최저점에서 재투자를 하여 기술적 반등 구간에서 수익률을 높이려면 다우 지수보다 나스닥 종합주가지수가 유리하다. 다음 그림에서 보듯이, 대폭락이 완료된 후에 나스닥 종합주가지수는 최저점 기준에서 1년 동안 주가 반등폭이 57%였고, 다우 지수는 22%였다.

열째, 다음 번 대폭락 직전까지 반등하는 규모도 나스닥 종합주가지수는 2002년 최저점 기준으로 5년 동안 2.7배 상승했다. 하지만 다우 지수는 5년 동안 84%만 상승했다.

비이성적 버블의 시기가 온다면! 나스닥 닷컴 버블

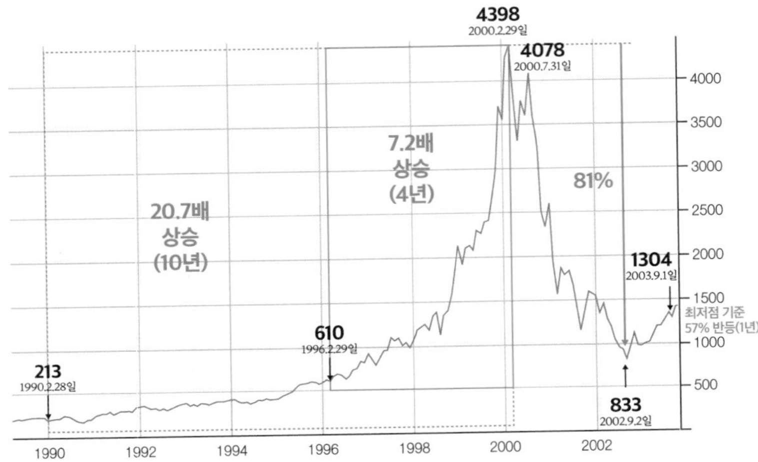

출처: TRADINGECONOMICS.COM

비이성적 버블의 시기가 온다면! 닷컴 버블기 다우 지수

출처: TRADINGECONOMICS.COM

필자가 설명한 나스닥 시장에서 '극단적인 비이성적 버블기'에 나타나는 주가 움직임의 핵심 특성을 가지고 2021년 8월 말 현재의 미국 나스닥 시장을 평가해 보자. 필자의 분석으로는 코로나19 이후 미국 주식시장에 '극단적인 비이성적 버블 형성 가능성'이 만들어지고 있다. 코로나19가 발발하지 않았으면, 2009년부터 시작되었던 대세 상승기가 2019~2020년 사이에 끝나고 10년 동안 쌓인 버블이 해소되어야 했다. 하지만 주식시장 상황은 그렇지 않다. 다음 그림을 보자. 나스닥의 경우, 2007년 전고점(2239포인트)을 기준으로 하면 매 10년 동안 평균 상승률 3배 시점을 2018년 6월(6900포인트)에 넘어섰다. 2009년 대폭락 시점(1117포인트)을 기준으로 삼으면, 현재 나스닥 종합주가지수 15000포인트는 12년 동안 13.44배 상승했다. '극단적인 비이성적 버블기' 진입을 알리는 신호다. 그렇다면 나스닥 종합지수가 닷컴 버블과 맞먹는 수준의 '극단적인 비이성적 버블기' 최정점에 도달하면 주가 지수는 얼마가 될까? 2012년 9월 3350포인트(2009년 대폭락 시점 대비 3배 상승)를 기준으로 7배 정도 추가 상승을 한다면 23500포인트 정도 된다. 2012년 9월을 기준점으로 삼을 경우는 60% 정도 추가 상승하면 닷컴 버블 최정점 상황과 같아진다. 만약 2018년 6월 6900포인트(2007년 전고점 대비 3배 상승)를 기준으로 7배 정도 추가 상승을 한다면 48300포인트가 된다. 2021년 현재 15000포인트 기준으로 본다면, 앞으로 200% 정도 추가 상승하면 닷컴 버블 최정점 상황과 같아진다. 즉 앞으로 최소 60%, 최대 200% 정도 추가 상승하면 닷컴 버블기에 맞먹는 '극단적인 비이성적 버블기' 최정점에 도달한다.

비이성적 버블의 시기가 온다면! 현재 나스닥 버블

출처: TRADINGECONOMICS.COM

다우 지수를 살펴보자. 1929년 대공황 때, 다우 지수는 10년 동안 4.7배 상승한 후에 대폭락을 맞았다. 2021년 8월 현재(35289포인트), 다우 지수는 2009년 2월 7063포인트를 기준으로 삼으면 5배 넘게 상승했다. 보수적으로 2007년 9월 말 13930포인트를 기준으로 삼으면, 2.55배 상승한 상황이다. 앞으로 20%만 추가로 상승하면(6000~7000포인트) 매 10년 동안 평균 상승률 3배 수준을 넘어선다. 다우 지수가 65500포인트에 도달하면 대공황 시절 4.7배 상승과 엇비슷해진다. 현재 주가 대비 85% 정도만 추가로 상승하면 된다. 현재 주가 상승 추세라면 3~4년이면 도달 가능한 수치다.

비이성적 버블의 시기가 온다면! 현재 다우 지수 버블

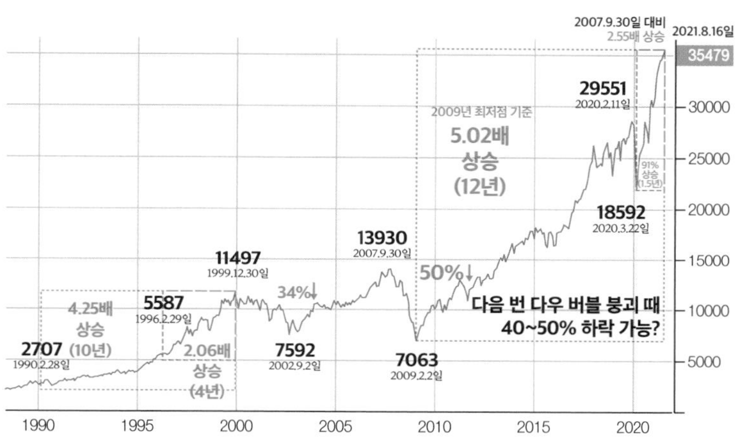

출처: TRADINGECONOMICS.COM

이런 상황이 벌어진 이유는 무엇일까? 핵심 이유는 코로나19 대재앙과 그에 대한 연준과 미국 행정부의 대응 방식 때문이다. 코로나19 대재앙이 발발하면서 연준과 미국 정부는 엄청난 돈을 풀어 경제 붕괴를 막았다. 때문에 주식시장 버블 해소가 완벽하게 일어나지 못했다. 주가 하락 수치로는 대폭락에 준하는 하락이 일어났지만, 돈의 힘으로 순식간에 반등해 버렸다. 이런 상황은 '정상적인' 버블 해소가 아니다. 일시적인 충격 발생을 틈탄 투자자 손바뀜에 불과하다. 지난 10년 동안 실물경제에 끼인 부실도 해결되지 못했다. 주식시장 대폭락은 단순하게 주식가격만 하락하는 현상이 아니다. 주식과 연동되어 있는 실물 자산에 낀 부실도 함께 해소되는 현상이다. 그렇기 때문에 주가가 하락하는 데도 상당한 시간이 필요하고, 주가가 대폭락 이전 가격을 회복하는 데는 더 많은 시간이 소요되어야 정상이다. 그 시간 동안 실물시장에 낀 부실이 서서히 해소되고 정리되어 자산 재조정이 일어나기 때문이다. 하지만 2020년 미국을 비롯해서 전 세계 주식시장에서는 이런 일이 일어나지 않았다. 엄청난 돈을 풀어 부실기업의 숨통을 붙여 주었다. 부실기업 파산은 일어나지 않고, 엄청난 돈이 가계와 기업에 풀리자 역사상 가장 빠른 속도로 대폭락 이전의 주식가격 회복이 일어났다. 이런 현상이 발생한 이후에도, 중앙은행과 정부는 계속해서 돈을 풀었다. 다우 지수는 대폭락 이전보다 20% 이상 치솟았다. 나스닥은 코로나19 비대면 특수와 (닷컴 버블기와 비슷하게) 제4차 산업혁명이라는 깃발 아래 미래에 대한 극단적 기대감이 맞물리면서 60% 이상 치솟았다. 최소 2~3년 상승 폭이 불과 몇 개월 만에 일어났다. 여기에 미국 행정부는 코로나19 충격을 극복한다는 명분으로 4조 달러 가량의 대규모 인프라 투자도 발표했다. 해소되지 못한 부실 위에 새로운 부실이 쌓이고 있다. 해소되지 못한 부채 위험 위에 새로운 부채 위험이 쌓이고 있다. 비이성적 버블 위에 비이성적 버블이 쌓이고 있다. 그 어느 때보다 '극단적인 비이성적 버블기'에 나타나는 주가 움직임의 10가지 핵심 특성을 잘 이해하고 자신의 투자 전략에 포함하여 다가오는 미래 충격과 기회를 준비해야 할 시점이다. 참고로, 다음 그림을 보자. 대공황 시절 주식시장 대폭락 이후, F. D. 루스벨트 대통령은 무너진 미국 경제를 재건하기 위해 엄청난 재정을 시장에 투여하는 뉴딜(New Deal)을 실시했다. 그 결과 뉴딜 이전 미국 연간 경제 성장률보다 2~3배 높은 성장률을 기록했고, 주식시장도 4.5년 동안 1932년 최저점 기준으로 4.33배 상승했다. 2020년 3월 코로나19 팬데믹으로 미국 주식이 18500포인트까지 하락한 것을 기준으로 삼으면 8만 포인트까지 급등한 셈이다. 하지만 버블이 빨리 부풀어 오르면, 빨리 꺼지는 법이다. 루스벨트 1기 행정부 4년이 끝난 후, 다우 종합지수는 엄청난 돈의 힘과 경제성장률 지표들을 뒤로하고 1년 동안 47% 대폭락 하면서 버블을 해소했다. 지금 미국 주식시장에서는 '극단적인 비이성적 버블기'에 진입하는 신호가 강해지고 있다. 다음 번 버블 붕괴 시기가 오면 무슨 일이 일어날까? 필자의 예측으로는 나스닥 지수는 닷컴 버블 붕괴 시기와 비슷한 수준의 충격이 발생할 가능성이 높다. 다우 지수는 대공황 시절 88%의 대재앙급 폭락 발생 가능성은 적다. 하지만 1933~1936년 뉴딜정책이 끝난 후에 몰아닥친 대폭락 수준의 버블 해소는 발생할 가능성이 충분하다.

비이성적 버블의 시기가 온다면! 대공황 버블(다우 지수)

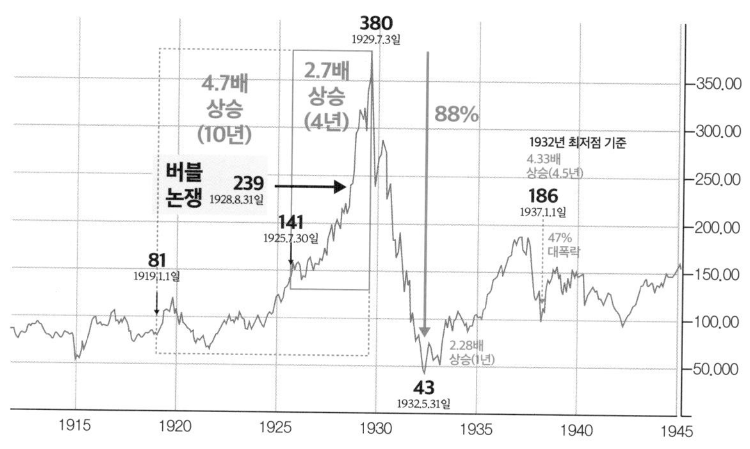

1933~1936년 뉴딜로 주가가 큰 반등을 했지만,
그다음 경기침체기에 주식시장 47% 대폭락

출처: TRADINGECONOMICS.COM

1933~1936년 뉴딜 기간 미국 GDP

Year	Nominal GDP	Real GDP	% Change
1920	N/A	0.67	N/A
1921	N/A	0.67	0.00%
1922	N/A	0.71	5.97%
1923	N/A	0.8	12.68%
1924	N/A	0.83	3.75%
1925	N/A	0.85	2.41%
1926	N/A	0.9	5.88%
1927	N/A	0.91	1.11%
1928	N/A	0.92	1.10%

출처: fortunly.com/statistics/us-gdp-by-year-guide/#gref

U.S. GDP

Year	Nominal GDP (trillions)	Real GDP (trillions)	GDP Growth Rate	Events Affecting GDP
1929	$0.015	$1.109	N/A	Depression began
1930	$0.092	$1.015	-8.5%	Smoot-Hawley
1931	$0.077	$0.950	-6.4%	Dust Bowl
1932	$0.060	$0.828	-12.9%	Hoover tax hikes
1933	$0.057	$0.817	-1.2%	New Deal
1934	$0.067	$0.906	10.8%	U.S debt rose
1935	$0.074	$0.986	8.9%	Social Security
1936	$0.085	$1.113	12.9%	FDR tax hikes
1937	$0.093	$1.170	5.1%	Depression returned
1938	$0.087	$1.132	-3.3%	Depression ended
1939	$0.093	$1.222	8.0%	WWII, Dust Bowl ended
1940	$0.103	$1.330	8.8%	Defense increased

뉴딜 이전 미국 연간 경제성장률보다 2~3배 높아짐

출처: www.thebalance.com/us-gdp-by-year-3305543

읽을거리

개미투자자, 수익률이 저조한 이유

개미투자자의 수익률이 저조한 이유를 짚고 넘어가자. 개미투자자의 수익률이 저조한 이유는 간단하다. 자기가 산 주식을 너무 빨리 팔았기 때문이다. 투기성이 짙은 주식을 사거나, 좋은 주식이라도 너무 높은 가격에 사는 것도 문제다. 하지만 이 2가지는 쉽게 해결된다. 투기성 짙은 주식은 파산 직전에 있는 주식이다. 큰 공부를 하지 않아도 이런 주식은 쉽게 구분이 된다. 그냥 안 사면 된다. 좋은 주식이라도 너무 높은 가격에 사는 문제는 시간이 지나면 저절로 해결된다. 시간이 지나면 너무 높은 가격에 샀다고 생각하는 시점에 낮은 가격이 되어 있기 때문이다. 그렇기 때문에 개미투자자가 수익률이 저조한 이유는 단 하나로 귀결된다. 너무 빨리 파는 습관 때문이다. 너무 빨리 파는 이유는 2가지다. 단타매매 전략을 사용하거나 주식시장의 이치와 패턴에 대한 학습이 부족했기 때문이다.

단타매매 전략을 피하는 길도 간단하다. 짧은 시간에 큰 수익률을 올린다는 '환상'을 버리면 된다. 주위에서 누가 그렇게 큰돈을 벌었다는 말에 현혹되지 마라. 지난 100년의 미국 주식 역사에서도 단타매매를 통해 큰 수익률을 올린 개인투자자 비율은 0.1% 미만이다. 물론, 내가 그 범위에 들 수 있다고 자신하면 더 이상 할 말은 없다. 하지만 확률적 사고를 하라. 장기투자로 큰 수익을 올린 개인투자자는 수도 없이 많다. 어느 쪽이 더 확실한 확률이겠는가? 장기투자를 하라. 그리고 필자가 분석한 다양한 내용들을 숙지하고 꼭 필요할 때만 매도하는 습관을 가져라.

2020년 코로나19 사태로 촉발된 대폭락장에서도 각국의 개미투자자들은 상승기 초반에는 괜찮은 수익을 냈다. 하지만 시간이 갈수록 기관이나 전문 투자자보다 수익률이 낮아졌다. 이유는 같다. 이번에도 개미투자자들은 자기 주식이 본격 상승하는 때를 기다리지 못하고 너무 일찍 팔았다. 자기 주식이 오르지 않을 때, 자기 주식보다 더 많이 오른 주식을 발견하고 자기 주식을 팔고 그 주식을 뒤쫓아 간다. 하지만 그 주식은 이전에 가진 주식보다 먼저 본격 상승했기 때문에 상당히 오른 후에 뒤쫓아서 추격매수를 하면 얼마 못 가서 더 이상 오르지 않거나 조정을 맞으며 하락한다. 반대로, 자기가 판 주식은 팔고 난 후에 본격 상승하는 경우가 대부분이었다. 이런 방식의 뒷북 투자를 몇 번 반복하면 초반 수익률을 대부분 까먹는다. 심지어 마이너스 수익률로 전환되는 비참한 결과도 발생한다. 2020년 8월 말 기준, 한국 유가증권시장에서 개인이 가장 많이 순매도한 20개 종목 수익률(43.1%)은 순매수 종목 수익률(8.2%)의 약 5배가 되었다. 쉽게 말해, 1000만 원에 산 주식을 1080만 원에 팔아 82만 원 수익을 기록했지만, 팔지 않고 계속 보유했으면 1431만 원 수익을 냈다는 뜻이다.[14] "개미들은 팔면 더 오른다"는 우스갯소리가 나오는 이유다. 워런 버핏은 "인내심 없는 사람의 돈이 인내심 있는 사람에게 흘러간다"고 했다. 기업, 산업, 국가의 현재 평가와 미래 가치가 좋은 종목을 싼값에 사 끈질기게 들고 있으면, 언젠가는 반드시 큰 수익을 내준다.

---

14 동아일보, 2020.8.29. 김자현, 김동혁, 「개미들 산 종목 8% 오를 때 외국인과 기관 20%대 수익」.

단기투자나 혹은 단타매매를 하는 사람들은 "큰 수익을 얻으려면 큰 위험을 감수해야 하는 것이 당연하다"고 생각한다. 착각이다. 가치 투자의 대가인 벤저민 그레이엄이나 워런 버핏 같은 이들은 "심각한 손실을 피해야 높은 복리 수익률을 유지할 수 있다"[15] 고 가르친다. 심각한 손실을 피하는 가장 확실한 방법은 좋은 주식을 낮은 가격에 사서 오랫동안 보유하는 것이다. 더 나아가 워런 버핏, 벤저민 그레이엄, 피터 린치, 존 로스차일드 등의 전설적 투자자들이 한목소리로 강조하듯이 반복적으로 발생하는 대폭락기를 놓치지 않는 것이다.[16]

---

15 벤저민 그레이엄, 데이비드 도드, 『증권분석』(이건 옮김), 리딩리더, 2012, 92.

16 워런 버핏, 『워런 버핏의 주식투자 콘서트』(차예지 옮김), 부크홀릭, 2015, 69. 피터 린치, 존 로스차일드, 『전설로 떠나는 월가의 영웅』(이건 옮김), 국일증권경제연구소, 2015, 383. 윌리엄 번스타인, 『투자의 네기둥』(박정태 옮김), 굿모닝북스, 2009, 103.

제10장
3배수 투자, 세금이 투자 수익률에 끼치는 영향

미국 3배수 ETF 상품 투자 수익률에 세금이 미치는 영향을 분석해 보자. 필자는 세 가지의 사례를 시뮬레이션 했다. 세 가지 시나리오의 공통 조건은 대폭락을 대략 추정하여 발생 1년 전에 모든 주식을 매도해 현금화한다는 전제다. 첫 번째 시나리오는 10년 동안 대폭락이 발생하기 1년 전에 단 한 번만 매도하는 경우다. 두 번째 시나리오는 한국에 거주하는 투자자가 미국 3배수 ETF 상품을 1년에 한 번 이상씩 매도하여 추가 수익률을 올린 후에 한국 국세청에 매년 22%의 양도소득세를 납부하는 경우다. 세 번째 시나리오는 미국에 거주하는 투자자가 미국 3배수 ETF 상품을 1년에 한 번 이상씩 매도하여 추가 수익률을 올린 후에 미국 국세청에 양도소득세를 납부하는 경우다.

첫 번째 시나리오의 경우, 한국에 거주하는 투자자는 단 한 번 22%의 양도소득세(250만 원 공제)를 납부한다. 여기에 지방세가 세금의 10%만큼 더 가산된다. 미국에 거주하는 투자자는 계산법에 약간 차이가 있다. 미국의 경우, 3배수 ETF를 1년 이상 장기보유하면 다른 주식들처럼 연방정부로부터 장기 양도소득세율 혜택을 받는다. 다음 표는 미국 연방정부가 주식투자 수익에 부과하는 양도소득세 구간이다.

소득구간		일반 소득세율	장기 양도소득세율
싱글신고	부부합산신고		
~ $9,700	~ $19,400	10%	0%
$9,701 ~ $39,475	$19,401 ~ $78,950	12%	0%
$39,476 ~ $84,200	$78,951 ~ $168,400	22%	15%
$84,201 ~ $160,725	$168,401 ~ $321,450	24%	15%
$160,726 ~ $204,100	$321,451 ~ $408,200	32%	15%
$204,101 ~ $510,300	$408,201 ~ $612,350	35%	15%
$510,301 ~	$612,351 ~	37%	20%

여기에 투자자가 거주하는 주의 소득세도 추가 납부한다. 미국의 각 주정부가 부과하는 양도소득세는 장기보유 혜택이 없다. 개인 소득세율이 가장 높기로 소문난 캘리포니아주를 예로 들어 보자. 캘리포니아주는 1백만 달러가 넘는 소득을 신고하면 개인 소득세는 최대 구간인 13.3% 세율을 적용받는다. 다음 표는 캘리포니아 주정부가 주식투자 수익에 부과하는 양도소득세 구간이다.

Taxable income over	But not over	Tax is
$0	$8,544	**$0.00** + 1.00% of amount over $0
$8,544	$20,255	**$85.44** + 2.00% of amount over $8,544

$20,255	$31,969	**$319.66** + 4.00% of amount over $20,255
$31,969	$44,377	**$788.22** + 6.00% of amount over $31,969
$44,377	$56,085	**$1,532.70** + 8.00% of amount over $44,377
$56,085	$286,492	**$2,469.34** + 9.30% of amount over $56,085
$286,492	$343,788	**$23,897.19** + 10.30% of amount over $286,492
$343,788	$572,980	**$29,798.68** + 11.30% of amount over $343,788
$572,980	AND OVER	**$55,697,38** + 12.30% of amount over $572,980

만약 미국에 거주하는 투자자가 3배수 ETF로 20만 달러의 이익을 거두었다고 가정해 보자. 이럴 경우 싱글신고든, 부부합산신고든 1년 미만 보유의 경우는 24% 연방 소득세 구간에 해당하고, 1년 이상 보유의 경우는 15% 소득세 구간에 해당한다. 여기에 캘리포니아 주정부가 부과하는 양도소득세 9.3% 구간에 해당하는 세금을 추가 납부한다. 총 24.3% 양도소득세율 구간 적용을 받는 셈이다. 한국 투자자도 지방세 추가 납부까지 합하면, 1년 이상 장기보유 시나리오에서는 미국과 한국의 세금 차이가 거의 없다.

두 번째 시나리오는 한국에 거주하는 투자자가 미국 3배수 ETF 상품을 1년에 한 번 이상씩 매도하여 추가 수익률을 올린 후에 한국 국세청에 매년 22%의 양도소득세와 지방세 추가분을 납부하는 경우다. 이 시나리오에서 매년 1회 이상씩 미국 3배수 ETF 상품을 매매한다는 것은 단타를 치는 투자 행위를 의미하지 않는다. 이 책에서 필자가 소개했듯이, 매년 5~8월 구간에 발생 가능성이 높은 조정 구간을 역이용해 추가 수익률을 올리는 전략을 사용하려는 목적이다.

세 번째 시나리오는 두 번째 시나리오를 미국에 거주하는 투자자가 시도하고, 미국 국세청에 양도소득세(연방정부와 주정부 소득세)를 납부하는 경우다. 다음 그림은 세 가지의 시나리오들이 10년 동안 만들어내는 연도별 수익률 수치와 곡선 그래프다.

	1년	2년	3년	4년	5년	6년	7년	8년	9년	10년
수익률	400.00%	60%	60%	36%	36%	36%	0%	0%	400%	60%
1	5.00	8.00	12.80	17.41	23.67	32.20	25.11	25.11	125.57	200.91
	400.00%	100%	100%	60%	60%	60%	0%	0%	400%	100%
1	4.12	7.33	13.05	19.16	28.13	41.30	41.30	41.30	170.14	302.85
	400.00%	100%	100%	60%	60%	60%	0%	0%	400%	100%
1	3.60	5.94	9.80	13.62	18.94	26.32	26.32	26.32	94.76	156.35

3배수 ETF, 세금에 따른 수익률 곡선 - 대폭락 회피

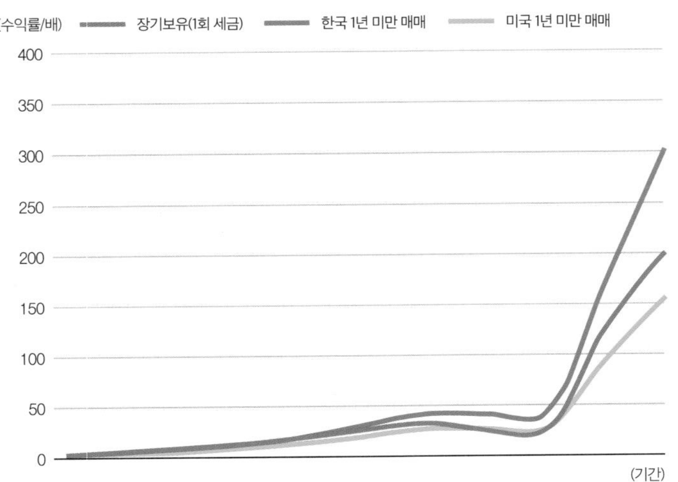

앞의 그림과 표에서 보듯이, 가장 큰 누적 수익률을 기록한 시나리오는 두 번째 시나리오다. 가장 낮은 누적 수익률을 기록한 것은 세 번째 시나리오다. 즉, 미국에 거주하는 투자자는 매년 5~8월 구간에 발생 가능성이 높은 조정 구간을 역이용해서 추가 수익률을 올릴 수 있다고 하더라도 세금 부담이 더 크기 때문에 장기보유보다 수익률이 떨어진다. 하지만 한국에 거주하는 투자자는 매년 1회 정도 매매를 하여 추가 수익률을 올릴 수 있다면 매년 발생하는 세금 부담을 이기고 1년 이상 장기보유보다 더 나은 수익률을 기록할 수 있다. 그러나 한국에 거주하는 투자자라도 매년 추가 수익률을 올리지 못하고, 2년에 1번 정도 확률로 5~8월 구간에 추가 수익률을 올리는 데 성공한다면 말이 달라진다. 다음 시뮬레이션 표에서 보듯이, 2년에 1번 정도 확률로 추가 수익률 획득에 성공하면 10년간 누적 수익률이 앞의 시나리오(10년 동안 대폭락에 단 한 번 매도)보다 낮아진다. 미국 투자자 경우는 2년에 1번 정도 확률로 추가 수익률 획득에 성공하면 10년간 누적 수익률이 한국 투자자보다 더 내려간다. 그래서 필자의 조언은 세금을 감안한다면 미국 투자자든, 한국 투자자든 상관없이 10년 동안 장기보유하고 대폭락 시점을 추정하여 단 한 번 매도하는 전략을 구사하는 것이 가장 현실적이고 안전한 전략이다.

	1년	2년	3년	4년	5년	6년	7년	8년	9년	10년
수익률	400.00%	60%	60%	36%	36%	36%	0%	0%	400%	60%
1	5.00	8.00	12.80	17.41	23.67	32.20	25.11	25.11	125.57	200.91
	400.00%	60%	100%	36%	60%	36%	0%	0%	400%	100%
1	4.12	6.05	10.77	13.79	20.24	25.93	25.93	25.93	106.81	190.13
	400.00%	60%	100%	36%	60%	36%	0%	0%	400%	100%
1	3.60	5.00	8.26	10.19	14.16	17.48	17.48	17.48	62.91	103.81

3배수 ETF, 세금에 따른 수익률 곡선 - 매 2년 1회 추가 수익

3배수 ETF 장기보유(1회 세금 22%),
한국 1년 미만 매매(매년 세금 22%), 미국 1년 미만 매매(매년 세금 35%)

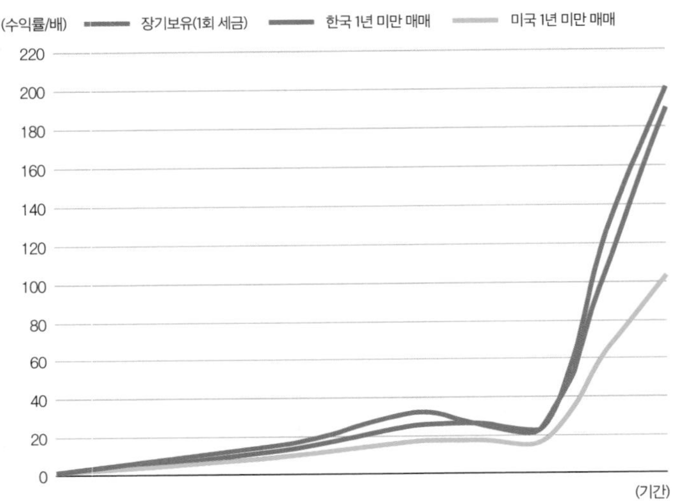

3배수 투자, 지켜야 할 원칙들

3배수 ETF 상품에 투자할 때, 지켜야 할 원칙들이 몇 가지 있다.

첫째, 빚내서 투자하는 습관을 멀리하라. 빚을 내면 절대로 장기투자하기 힘들다.

둘째, 투자 수익률에 과도하게 욕심을 부리지 마라. 투자는 욕심대로 되지 않는다. 과도한 욕심을 가지면 무리수를 두게 된다. 무리수를 두면 빚을 내거나 현금 보유를 못해 전략 유연성이 떨어지면서 시장과 경제 상황 변화에 대처하기 힘들다. 그렇게 되면 어디선가 금전적이고 정신적 손해를 보게 된다. 3배수 ETF 상품은 큰 욕심을 부리지 않을수록 큰 수익을 올리게 해주는 묘한 특성이 있다. 대폭락 전까지 그냥 가만히 들고 있기만 해도 큰 수익이 난다. 그 이상의 과도한 욕심을 부리면, 오히려 누적 수익률이 하락하는 경우가 허다하다.

셋째, 현금 유동성 30~50% 확보하라. 아무리 확실한 기회라고 생각해도 자기가 가진 현금 전부를 투자하면 안 된다. 주식시장은 언제나 이치와 패턴대로 돌아가지 않는다. 일시적으로 이치와 패턴을 벗어나는 경우가 허다하다. 경제 위기가 발생해야만 위기가 아니다. 이치와 패턴에서 벗어나는 것도 위기다. 세상 돌아가는 일을 100% 완벽하게 알 수도 없다. 투자시장에서도 100% 확실한 일은 절대 없다. 현금 유동성이 있어야 이런 위기와 뜻밖의 사태에 대응할 수 있다. 저점에서 추가 매수 기회도 잡을 수 있다.

넷째, 생각의 힘을 길러라. 투자시장은 생각의 힘으로 돈을 벌 수 있는

최고의 영역이다. 투자 승률을 높이는 길은 생각의 힘을 사용해서 좀 더 많은 다양한 가능성을 생각해 보는 데서 출발한다. 시나리오를 기반으로 투자 전략을 도출하는 것도 결국 생각의 힘을 사용하는 것이다. 한 가지 덧붙인다면, 미리 생각하는 습관을 가져라. 주식투자는 불확실한 미래를 두고 내리는 합리적 의사결정이다. 합리적 의사결정은 합리적인 생각에서 나온다. 합리적인 생각을 극대화하려면 움직이는 주식가격을 보면서 하면 안된다. 장이 시작되기 전에 미리 해야 한다. 차분히 생각할 수 있는 시간에 각종 시장 흐름 정보, 적정한 가격, 위험이나 기회에 대한 다양한 가능성 등을 미리 점검해야 한다. 뜻밖의 사태를 대비할 안전장치도 미리 생각해 두어야 한다. 이처럼 미리 생각하면 '감정에 휘둘리지 않고' 합리적인 의사결정을 할 수 있다.

다섯째, 3배수 ETF 주식도 사고팔 때는 한 번에 하지 말고 분할 매매하라. 아무리 공부하고 시나리오를 세워도, 단기적으로 시장이 어떻게 변하는지 아무도 알 수 없기 때문이다. 투자시장은 장기적으로는 일정한 방향으로 움직이지만, 단기적으로는 술에 취한 사람이 비틀거리며 움직이듯 자기 마음대로 아무 이유 없이 갈지(之) 자로 간다. 시나리오가 장기적으로 뜻밖의 사태를 대비하는 수단이라면, 분할 매매는 단기적으로 뜻밖의 사태를 대비하는 중요한 수단이다.

여섯째, 3배수 ETF 투자에도 손절매 원칙을 반드시 만들어라. 나의 모든 생각이 다 맞을 수 없다. 손절매는 내 생각이 틀렸을 때 손실을 줄이는 방패다. 손절매 원칙은 거시적 흐름을 반영해서 손절매를 해야 할 구간, (일시적 폭락이 발생해도 거시적으로 우상향 추세가 계속될 상황이라면) 손절매를 하지 않아도 큰 차이가 없는 구간을 구분해서 정해야 한다. 손절매 행위가 발생했다는 것은 내 생각이 틀렸다는 말이라고 했다. 그렇기 때문에 손절매 후에는 반드시 내 생각에서 무엇이 틀렸는지를 점검한 후, 재투자를 시작해야 한다. 예를 들어, 1배수 투자에서 원금의 20% 손실이 났다는 것(3배수 ETF 투자로 하면 60%)은 '전술'에 문제가 생겼다는 것이다. 전술을 재점검할 필요가 있다. 1배수 투자에서 원금의 30% 손실이 났다는 것(3배수 ETF 투자로 하면 80%)은 '전략'에 중대한 문제가 생겼다는 것이다. 전략을 재점검할 필요가 있다. 1배수 투자에서 원금의 40% 이상 손실이 났다는 것(3배수 ETF 투자로 하면 90% 이상)은 '시나리오'에 심각한 문제가 생겼다는 것이다. 자신이 세운 투자 시나리오 전반을 재점검할 필요가 있다. 손절매 원칙을 갖고 있지 않는 투자자는 주가가 하락할 때 '물타기'를 하다가 더 큰 손실을 만들고 만다.

일곱째, 3배수 ETF 투자는 변동폭이 크기 때문에 마음의 평정심 유지가 중요하다. 지금 수익률이 좋다고 어깨를 으쓱대고, 지금 수익률이 나쁘다고 의기소침해서는 안 된다. "마지막에 웃는 자가 진정한 승자다"라는 말이 있다. 주식투자 시장에 잘 어울리는 말이다. 주식투자 천재라는 소리를 듣는 사람도 10번 투자에서 10번 다 성공하는 것은 불가능하다. 3배수 ETF 투자도 마찬가지다. 투자의 현인이라고 칭송받는 워런 버핏도 2008년, 2020년 대폭락장에서 큰 손실을 보았다. 주식투자 시장에서는 누구나 손실을 볼 때를 반드시 만난다. 이것을 인정하라. 그렇지 않으면 평상시에

마음의 평정을 유지할 수 없다.

마지막으로, 시장은 끊임없이 변한다. 그래서 겸손한 마음으로 끊임없이 계속 공부하고 연구해야 한다. 그리고 연구한 내용을 믿어야 한다. 자신이 연구한 내용대로 시장이 흘러가지 않더라도 연구한 내용대로 투자해야 한다. 공부한 대로 기계적 매매를 시행하라. 투자는 승률을 높이는 게임이다. 끊임없이 연구(공부) 하고 연구한 대로 투자하라. 마음 다스림은 의지로 되지 않는다. 감정 조절의 핵심 기술은 공부한 대로 기계적 매매를 하는 것뿐이다. 시시각각 움직이는 주가 숫자를 믿지 말라. 내가 공부한 것을 믿어야 한다. 학습(지식 습득, 시행착오를 거쳐 지식을 활용하는 지혜 형성, 지혜는 지식의 활용이다)를 통해 나름 원칙이 만들어지고, 그렇게 만들어진 원칙을 따라 매매를 해야 주식투자에 성공할 수 있다. 주식투자 실패나 감정이 흔들리는 상황은 학습 부족이나, 학습을 통해 만들어진 자기 원칙을 지키지 않는 것에서 온다. 원칙을 지키려면 어떻게 해야 할까? 간단하다. 자기가 정해 놓은 원칙에 따라서 미리 생각해 높은 가격과 시점에만 매매를 하면 된다. 매매 후 발생할 수 있는 추가 이익이나 추가 손실의 유혹과 공포 때문에 쉽지 않지만, 반드시 고수해야 할 행동이다. 필자의 경험으로도 시시각각 움직이는 주식가격을 보고 감으로 매매하는 것보다 공부한 것에 따라 매매할 때가 최종적으로 더 높은 수익률을 기록했다.

나가는 말

목숨 걸고 공부하고, 공부한 대로 투자하라!

주식시장에서 근거 없는 낙관론으로 투자하면 매우 위험하다. 합리적 낙관주의자가 되어야 한다. 합리적 낙관주의자는 220년 동안 미국 주식시장의 장기투자 평균 수익률이 복리로 연평균 7.7~5.7%, 지난 30년간 S&P500 지수는 연평균 9.4%, 지난 20년간 코스피 지수 연평균 8% 수익률을 기록한 것처럼 주식시장은 장기적으로 우상향하면서 상승한다. 3배수 ETF 상품은 이런 지수들을 3배수로 꾸준하고 안정적으로 추종하면서 우상향한다. 합리적 낙관주의자는 이런 역사적 사실을 믿는다. 합리적 낙관주의자는 투자시장 안에서 자신의 존재의 미약함과 매일 직면해야 하는 스트레스 환경을 수용하는 유연함을 가진다. 그리고 투자시장에서 살아남아야겠다는 강한 의지를 가지고, 철저히 공부하고 신중하게 행동한다. 뱀, 여우, 늑대, 호랑이와 사자 등 자연 속 무서운 사냥꾼에게는 다음과 같은 한 가지 원칙이 있다고 한다.

"내가 직접 사냥하지 않은 죽어 있는 고기는 함부로 먹지 않는다."

자연 속 사냥꾼들은 오랫동안 주변을 살피고 신중하게 먹이에 접근한다. 행운을 가장한 불행이 아닌지 지나치다 싶을 정도로 확인한다. 뭔가 꺼림칙하다고 느끼면 아무리 배가 고파도 죽은 고기를 버리고 자리를 뜬다.[17] 세상에 공짜는 없다는 것을 짐승도 안다. 제아무리 강력한 포식자라도 스스로 사냥을 하든 빼앗든 자기 힘으로 얻은 먹이만 먹는다. 주식투자도 마찬가지다. 자기가 공부한 것만 투자해야 위험을 줄일 수 있다. 자기가 공부한 만큼만 수익률을 내려고 해야 안전하게 성공하는 투자자가 될 수 있다. 주식시장은 투자 철학과 투자 원칙만 잘 지키면 누구나 좋은 투자 수익을 올릴 수 있는 곳이다. 3배수 ETF 상품 투자도 예외가 아니다.

잘 알지 못하는 주식을 거래하고, 이유를 알 수 없는 상승이나 하락장에서 직감만 가지고 투자 행위를 하지 말라. 이런 행위는 한두 번은 요행으로 수익을 낼 수 있지만, 오랫동안 반복하면 결국에는 모든 것을 잃게 된다. 필자만 이런 생각을 하는 것이 아니다. 유럽계 헤지펀드를 운

---

17 중앙선데이, 2020.9.12. 서광원, 「제왕뱰도마뱀, 죽은 척해 위기 모면… 대담한 전략의 승리」.

영하는 쓰카구치 다다시는 『최고의 투자자는 역사에서 돈을 번다』(송은애 역, 카시오페아, 2019)라는 책에서 이런 말을 했다. "현재 우리가 사는 세계는 다극화를 향해 움직이고, 앞날이 불투명하고, 큰 혼란이 계속되는 난세다. 이런 세상에서 주식투자에 성공하려면 현시대 변화를 정확하게 이해하고 어긋남 없는 '사고와 행동의 일치'가 중요하다."[18] 철저하게 공부하고, 공부한 대로 투자해야 한다는 말이다. 필자의 생각도 같다. 최종 투자 수익률은 자기가 공부한 수준으로 수렴한다. 연평균 투자수익률은 공부한 수준을 넘어갈 수 없다. 필자가 이 책을 읽는 독자에게 전하고 싶은 마지막 조언은 이것다.

"목숨 걸고 공부하고, 공부한 대로 투자하라!"

투자 현인 워런 버핏은 시장의 미래, 주식가격의 미래는 예측할 수 없다면서 동시에 "예측 가능성을 찾는다"[19]고도 했다. 무슨 의미일까?

---

18 머니투데이, 2020.9.5. 임동욱, 「성공투자자는 무엇이 다를까」.
19 워런 버핏, 로렌스 커닝햄 편, 『워런 버핏의 주주 서한』(이건 옮김), 서울문화사, 2015, 192.

"이해할 수 있는 기업에만 투자한다"[20]는 그의 말에서 속내를 읽을 수 있다. 철저하게 공부를 했기 때문에 이해할 수 있다. 이해할 수 있으면 예측 가능성이 높아지고, 예측 가능성이 높아지면 다양한 대응법을 마련할 수 있다는 말이다.[21] 워런 버핏은 미래 변화와 예측에 대한 자신만의 기준을 만들고 공부하며, 그에 따라 투자 전략을 수립했다.[22] 이 책은 3배수 ETF 상품 투자에 필요한 기본 지식을 다루었다. 최소한 이 정도는 공부하고 생각하며 3배수 ETF 투자를 해야 한다는 것이다. 이 책을 읽은 이후로도 공부를 멈춰서는 안 된다.

20 워런 버핏, 『워런 버핏의 주식투자 콘서트』(차예지 옮김), 부크홀릭, 2015, 92.
21 워런 버핏, 『워런 버핏의 주식투자 콘서트』(차예지 옮김), 부크홀릭, 2015, 64-69.
22 워런 버핏, 로렌스 커닝햄 편, 『워런 버핏의 주주 서한』(이건 옮김), 서울문화사, 2015, 187-191.